U0720510

教育部哲学社会科学研究普及读物项目

大学生理论热点
面对面

韩振峰　著

江苏人民出版社
江苏凤凰美术出版社

图书在版编目(CIP)数据

大学生理论热点面对面/韩振峰著. -- 南京:江苏人民出版社,2020.4

(教育部哲学社会科学研究普及读物)

ISBN 978-7-214-22792-8

Ⅰ. ①大… Ⅱ. ①韩… Ⅲ. ①大学生-思想政治教育-中国-学习参考资料 Ⅳ. ①G641

中国版本图书馆 CIP 数据核字(2020)第 048004 号

书　　名	大学生理论热点面对面
著　　者	韩振峰
责任编辑	卞清波
特约编辑	胡海弘
出版发行	江苏人民出版社 江苏凤凰美术出版社
出版社地址	南京市湖南路 1 号 A 楼,邮编:210009
出版社网址	http://www.jspph.com
照　　排	江苏凤凰制版有限公司
印　　刷	江苏凤凰通达印刷有限公司
开　　本	890 毫米×1 240 毫米　1/32
印　　张	6　插页 2
字　　数	116 千字
版　　次	2020 年 5 月第 1 版　2020 年 5 月第 1 次印刷
标准书号	ISBN 978-7-214-22792-8
定　　价	38.00 元

总 序

纵观党的历史,我党始终高度重视实践基础上的理论创新,坚持用理论创新成果武装全党,教育人民,引领前进方向,凝聚奋斗力量。七十多年前,著名的马克思主义哲学家艾思奇撰写的通俗著作《大众哲学》,引领一代又一代有志之士选择了正确的人生道路,影响了中国几代读者。

党的十八大以来,习近平总书记把握时代发展新要求,顺应人民群众新期待,提出了一系列新思想、新观点、新论断、新要求,这些推进理论创新的最新成果用朴实、生动的语言,以讲故事、举事例、摆事实的方式与人民同频共振、凝聚共识,增强了人民群众对中国特色社会主义理论体系的认同感和知晓度,凸显了当代中国马克思主义大众化、群众性的基本特征,成为新时期理论创新大众化的新典范。

高等学校学科齐全、人才密集、研究实力雄厚,是推进马克思主义中国化时代化大众化、普及传播党的理论创新成果的重要阵地。汇聚高校智慧,发挥高校优势,大力开展优秀成果普及推广,切实增强哲学社会科学话语权,是高校繁荣发展哲学社会科学的光荣任务、重大使命。

2012 年,教育部启动实施了哲学社会科学研究普及读物项目。通过组织动员高校一流学者开展哲学社会科学优秀成果普及转化，撰写一批观点正确、品质高端、通俗易懂的科学理论和人文社科知识普及读物，积极推进马克思主义大众化，阐释宣传党的路线方针政策，推广普及哲学社会科学最新理论创新成果，让中国特色社会主义理论体系和党的路线方针政策，更好地为广大群众掌握和实践，转化为推进改革开放和现代化建设的强大精神力量。与一般意义的学术研究和科普类读物相比，教育部设立的普及读物更侧重对党最新理论的宣传阐释，更强调学术创新成果的转化普及，更凸显“大师写小书”的理念，努力产出一批弘扬中国道路、中国精神、中国力量的精品力作。

实现中华民族伟大复兴的中国梦必将伴随着哲学社会科学的繁荣兴盛。我们将以高度的使命感和责任感，坚持学术追求与社会责任相统一，坚持正确方向，紧跟时代步伐，顺应实践要求，不断加快高校哲学社会科学创新体系建设，为不断增强中国特色社会主义道路自信、理论自信、制度自信，推动社会主义文化大发展大繁荣作出更大贡献！

教育部社会科学司

2014 年 4 月 10 日

目　录

马克思主义为什么能对人类产生如此广泛而深刻的影响？/001

如何理解马克思主义中国化时代化大众化及其相互关系？/010

为什么说中国特色社会主义既坚持了科学社会主义基本原则又根据时代条件赋予其鲜明中国特色？/022

如何理解中国特色社会主义进入了新时代？/033

如何理解我国社会主要矛盾已经转化为人民日益增长的美好生活需要和不平衡不充分的发展之间的矛盾？/039

如何理解习近平新时代中国特色社会主义思想的主要内容和历史地位？/047

如何理解习近平新时代中国特色社会主义思想的鲜明特色？/059

如何理解坚持中国特色社会主义“四个自信”？/065

如何理解我们党对“五位一体”总体布局和“四个全面”战略布局的认识过程？/075

为什么说新发展理念是中国共产党对我国发展规律的新认识?/086

如何正确认识改革开放的重要地位与作用?/095

如何正确认识和把握新时代全面深化改革的十大关系?/103

新时代如何继续弘扬伟大的改革开放精神?/110

如何理解新时代中国共产党的崇高历史使命?/118

如何理解坚持和加强党的全面领导?/125

为什么必须把党的政治建设摆在首位?/129

为什么说勇于自我革命是我们党最鲜明的品格和最大优势?/138

如何理解坚持以人民为中心?/145

为什么必须坚持辩证唯物主义和历史唯物主义世界观和方法论?/157

当代青年为什么必须不断增强辩证思维能力?/164

当代青年怎样为实现中华民族伟大复兴中国梦贡献智慧和力量?/172

马克思主义为什么能对人类产生如此广泛而深刻的影响?

马克思是全世界无产阶级和劳动人民的革命导师，是马克思主义的主要创始人，是马克思主义政党的缔造者和国际共产主义的开创者，是近代以来最伟大的思想家。1999 年 9 月，英国广播公司（BBC）评选“千年第一思想家”，在全球互联网上公开征询投票一个月，最后汇集全球投票的结果，马克思位居第一，爱因斯坦第二。

马克思被评选为“千年伟人”，说明马克思生活的时代虽然距今已经两个世纪之久，人类社会也发生了巨大而深刻的变化，但马克思的名字依然在世界各地受到人们的尊敬，马克思的学说依然闪烁着耀眼的真理光芒!

习近平总书记在纪念马克思诞辰 200 周年大会上发表的重要讲话中明确指出：“《共产党宣言》发表 170 年来，马克思主义在世界上得到广泛传播。在人类思想史上，没有一种思想理论像马克思主义那样对人类产生了如此广泛而深刻的影响。……今天，马克思主义极大推进了人类文明进程，至今依然是具有重大国际影响的思想体系和话语体系，马克思至今依然被公认为‘千年第一思想家’。”

世界上的理论学说可谓层出不穷，但它们大多或影响一时，或影响一地，像马克思主义这样不仅影响了西方世界而且影响了东方国家、不仅影响了过去而且影响了现在乃至未来的理论真可谓不多。马克思主义为什么能够影响整个世界、影响人类未来，这不能不说是人类思想发展史上一个很值得探究的重大“理论之谜”。

马克思为什么至今依然被公认为“千年第一思想家”？马克思主义为什么能对人类产生如此广泛而深刻的影响？习近平总书记在纪念马克思诞辰 200 周年大会上的讲话，为我们揭开了这一具有重大历史和现实意义的“理论之谜”。

(一) 马克思是顶天立地的伟人，也是有血有肉的常人

马克思出生于 1818 年 5 月 5 日。早在中学时代，他就树立了为人类幸福而工作的志向。大学时代，马克思广泛钻研哲学、历史学、法学等知识，探寻人类社会发展的奥秘。在《莱茵报》工作期间，马克思犀利抨击普鲁士政府的专制统治，维护人民权利。1843 年移居巴黎后，马克思积极参与工人运动，在革命实践和理论探索的结合中完成了从唯心主义到唯物主义、从革命民主主义到共产主义的转变。1845 年，马克思、恩格斯合作撰写了《德意志意识形态》，第一次比较系统地阐述了历史唯物主义基本原理。1848 年，马克思、恩格斯合作撰写了《共产党宣言》，一经问世就震动了世界。恩格斯说，《共产党宣言》是“全部社会主义文献中传播最广和最具有国际性的著作，是从西伯利亚到加利福尼亚的千百万工人公认的共同纲领”。

1848年，席卷欧洲的资产阶级民主革命爆发，马克思积极投入并指导这场革命斗争。革命失败后，马克思深刻总结革命教训，力求通过系统研究政治经济学，揭示资本主义的本质和规律。1867年问世的《资本论》是马克思主义最厚重、最丰富的著作，被誉为“工人阶级的圣经”。晚年，马克思依然密切关注世界发展新趋势和工人运动新情况，努力从更宏大的视野思考人类社会发展问题。

马克思的一生，是胸怀崇高理想、为人类解放不懈奋斗的一生。1835年，17岁的马克思在他的高中毕业作文《青年在选择职业时的考虑》中这样写道：“如果我们选择了最能为人类而工作的职业，那么，重担就不能把我们压倒，因为这是为大家作出的牺牲；那时我们所享受的就不是可怜的、有限的、自私的乐趣，我们的幸福将属于千百万人，我们的事业将悄然无声地存在下去，但是它会永远发挥作用，而面对我们的骨灰，高尚的人们将洒下热泪。”马克思一生饱尝颠沛流离的艰辛、贫病交加的煎熬，但他初心不改、矢志不渝，为人类解放的崇高理想而不懈奋斗，成就了伟大人生。

马克思的一生，是不畏艰难险阻、为追求真理而勇攀思想高峰的一生。马克思曾经写道：“在科学上没有平坦的大道，只有不畏劳苦沿着陡峭山路攀登的人，才有希望达到光辉的顶点。”马克思为创立科学理论体系，付出了常人难以想象的艰辛，最终达到了光辉的顶点。他博览群书、广泛涉猎，不仅深入了解和研究哲学社会科学各个学科知识，而且深入了解和研究各种自然科学知识，努力从人类创造的一切文明成果中汲取养料。马克思毕生忘我工作，经常每天工作16

个小时。马克思在给友人的信中谈到，为了《资本论》的写作，“我一直在坟墓的边缘徘徊。因此，我不得不利用我还能工作的每时每刻来完成我的著作”。即使在多病的晚年，马克思仍然不断迈向新的科学领域和目标，写下了数量庞大的历史学、人类学、数学等学科笔记。正如恩格斯所说：“马克思在他所研究的每一个领域，甚至在数学领域，都有独到的发现，这样的领域是很多的，而且其中任何一个领域他都不是浅尝辄止。”

马克思的一生，是为推翻旧世界、建立新世界而不息战斗的一生。恩格斯说，“马克思首先是一个革命家”，“斗争是他的生命要素。很少有人像他那样满腔热情、坚韧不拔和卓有成效地进行斗争”。马克思毕生的使命就是为人民解放而奋斗。为了改变人民受剥削、受压迫的命运，马克思义无反顾投身轰轰烈烈的工人运动，始终站在革命斗争最前沿。他领导创建了世界上第一个无产阶级政党——共产主义者同盟，领导了世界上第一个国际工人组织——国际工人协会，热情支持世界上第一次工人阶级夺取政权的革命——巴黎公社革命，满腔热情、百折不挠推动各国工人运动发展。

马克思是顶天立地的伟人，也是有血有肉的常人。他热爱生活，真诚朴实，重情重义。马克思、恩格斯的革命友谊长达40年。正如列宁所说，“古老传说中有各种非常动人的友谊故事”，但马克思、恩格斯的友谊“超过了古人关于人类友谊的一切最动人的传说”。马克思无私资助革命事业，即使在自己生活极度困难的情况下仍然尽最大努力帮助革命战友。马克思和妻子燕妮患难与共，谱写了理想和爱情的命运交响曲。

(二) 马克思主义学说依然闪烁着耀眼的真理光芒

马克思给我们留下的最有价值、最具影响力的精神财富，就是以他名字命名的科学理论——马克思主义。这一理论犹如壮丽的日出，照亮了人类探索历史规律和寻求自身解放的道路。

马克思有一句名言："批判的武器当然不能代替武器的批判，物质力量只能用物质力量来摧毁；但是理论一经掌握群众，也会变成物质力量。"马克思主义主要由马克思主义哲学、政治经济学、科学社会主义三大组成部分构成。这三大组成部分分别来源于德国古典哲学、英国古典政治经济学、法国空想社会主义，然而，最终升华为马克思主义的根本原因，是马克思对所处的时代和世界的深入考察，是马克思对人类社会发展规律的深刻把握。马克思说："共产党人的理论原理，决不是以这个或那个世界改革家所发明或发现的思想、原则为根据的。""这些原理不过是现存的阶级斗争、我们眼前的历史运动的真实关系的一般表述。"

只有在整个人类发展的历史长河中，才能透视出历史运动的本质和时代发展的方向。马克思的科学研究，就像列宁所说的那样，"凡是人类社会所创造的一切，他都有批判地重新加以探讨，任何一点也没有忽略过去。凡是人类思想所建树的一切，他都放在工人运动中检验过，重新加以探讨，加以批判，从而得出了那些被资产阶级狭隘性所限制或被资产阶级偏见束缚住的人所不能得出的结论"。马克思的思想理论源于那个时代又超越了那个时代，既是那个时代精神的精华又是整个人类精神的精华。

马克思主义是科学的理论，它创造性地揭示了人类社会发展规律。在马克思提出科学社会主义之前，空想社会主义者早已存在，他们怀着悲天悯人的情感，对理想社会有很多美好的设想，但由于没有揭示社会发展规律，没有找到实现理想的有效途径，因此也就难以真正对社会发展发生作用。马克思创建了唯物史观和剩余价值学说，揭示了人类社会发展的一般规律，揭示了资本主义运行的特殊规律，为人类指明了从必然王国向自由王国飞跃的途径，为人民指明了实现自由和解放的道路。

马克思主义是人民的理论，它第一次创立了人民实现自身解放的思想体系。马克思主义博大精深，归根到底就是一句话，为人类求解放。在马克思之前，社会上占统治地位的理论都是为统治阶级服务的。马克思主义第一次站在人民的立场探求人类自由解放的道路，以科学的理论为最终建立一个没有压迫、没有剥削、人人平等、人人自由的理想社会指明了方向。马克思主义之所以具有跨越国度、跨越时代的影响力，就是因为它植根人民之中，指明了依靠人民推动历史前进的人间正道。

马克思主义是实践的理论，它指引着人民改造世界的行动。马克思说，“全部社会生活在本质上是实践的”，“哲学家们只是用不同的方式解释世界，问题在于改变世界”。实践的观点、生活的观点是马克思主义认识论的基本观点，实践性是马克思主义理论区别于其他理论的显著特征。马克思主义不是书斋里的学问，而是为了改变人民历史命运而创立的，是在人民求解放的实践中形成的，也是在人民求解放的实践中丰富和发展的，为人民认识世界、改造世界提供了强大精神力量。

马克思主义是不断发展的开放的理论，它始终站在时代前沿。马克思一再告诫人们，马克思主义理论不是教条，而是行动指南，必须随着实践的变化而发展。一部马克思主义发展史就是马克思、恩格斯以及他们的后继者们不断根据时代、实践、认识发展而发展的历史，是不断吸收人类历史上一切优秀思想文化成果丰富自己的历史。因此，马克思主义能够永葆其美妙之青春，不断探索时代发展提出的新课题、回应人类社会面临的新挑战。

总结习近平总书记对马克思主义这一科学理论学说几个根本特点的概括，我们认为，马克思主义之所以能够影响整个世界并将继续影响人类未来，主要就是因为：

第一，马克思主义客观真实地揭示了自然、社会和人类思维发展的普遍规律。任何一种理论要想说服人关键要自身科学。怎样才算自身科学？就是这种理论必须正确反映和把握事物的本质和规律。马克思主义就是这样一种理论，它从整体上、本质上认识和把握了自然、社会和人类思维发展的普遍规律。比如他们提出的唯物史观和剩余价值学说这两大著名“发现”，其内核就是发现并揭示了人类社会发展的基本规律，如唯物辩证法的对立统一规律、质量互变规律、否定之否定规律，社会领域的社会基本矛盾发展规律、剩余价值规律、“两个必然”规律等等，所有这些都是马克思主义理论的重大贡献。也正因为如此,马克思主义理论才被誉为“伟大的认识工具”,成为帮助人们观察世界、分析问题和解决问题的有力思想武器。这是马克思主义理论之所以能够影响世界、影响未来的内在根本原因。

第二,马克思主义是建立在对客观规律认识基础上的科学真理。马克思主义理论是来源于实践又经过实践反复检验过的真理,它的许多真理性结论先后被许多国家的实践所证实。马克思主义的科学社会主义先后指引多个国家推翻旧制度进而走上社会主义道路。中国共产党从成立之日起就把马克思主义确立为自己的指导思想,正是在马克思主义指导下,我们党把马克思主义基本原理同中国实际相结合,先后取得了新民主主义革命胜利、社会主义革命和社会主义建设事业的巨大成就,改革开放 40 多年来的历史成就也得益于马克思主义理论的科学指导,尤其是把马克思主义科学社会主义基本原理同当代中国实践有机结合而形成的中国特色社会主义,是引领中国发展的科学道路、科学制度、科学理论和科学文化。

第三,马克思主义理论的“神奇”体现在它不仅能帮助人们科学地认识世界,而且还能指导人们改变世界。马克思主义理论不仅能帮助人们正确地认识世界,而且还能帮助人们正确地改造世界。马克思主义理论所具有的这种神奇的实践性和直接现实性品格,是马克思主义影响巨大和影响深远的另一个内在原因。十月革命一声炮响给中国送来了马克思列宁主义,在中国共产党领导下、在马克思列宁主义指导下,中国的面貌也发生了根本变化,进而使中国这样一个长期受“三座大山”压迫的东方大国也昂首挺胸走上了社会主义道路。世界上其他社会主义国家的建立也都是在马克思主义科学理论指导下取得的。

最后，马克思主义理论影响力之大还取决于它是真正代表全世界无产阶级和广大劳动群众利益的科学理论。立场决定观点，有什么样的政治立场就会形成什么样的理论学说。正像马克思、恩格斯在《共产党宣言》中所说的那样：“过去的一切运动都是少数人的，或者为少数人谋利益的运动。无产阶级的运动是绝大多数人的，为绝大多数人谋利益的独立的运动。”马克思主义理论的阶级性、人民性特征就决定了这一理论不是为少数剥削者服务的，而是代表全世界无产者和最广大人民利益的科学理论，是引领全世界无产者联合起来、推翻旧的剥削制度、建立社会主义和共产主义社会的科学理论。正因为如此，马克思主义才受到全世界无产阶级和广大人民群众的普遍欢迎。这是马克思主义理论能够最终影响整个世界和人类未来的一个关键原因。

从《共产党宣言》发表到今天，人类社会发生了翻天覆地的变化，但马克思主义所阐述的一般原理整个来说仍然是完全正确的。在中国特色社会主义新时代，我们要坚持和运用辩证唯物主义和历史唯物主义的世界观和方法论，真正把马克思主义这个看家本领学精悟透用好。要把读马克思主义经典、悟马克思主义原理当作一种生活习惯、一种精神追求，用马克思主义经典涵养正气、淬炼思想、升华境界、指导实践。

如何理解马克思主义中国化时代化大众化及其相互关系？

一种理论要想被广大群众掌握，关键是要“接地气”。2013年7月11日，习近平总书记来到30多年前工作过的河北正定县看望塔元庄村干部群众时指出：“今天就是来听大家的，看看乡亲们，接接地气，充充电。”其实，“接接地气，充充电”不仅仅是一个方法问题，更是反映了思想理论创新发展为了谁、依靠谁的重大问题。

党的十九大报告强调指出：“必须推进马克思主义中国化时代化大众化，建设具有强大凝聚力和引领力的社会主义意识形态，使全体人民在理想信念、价值理念、道德观念上紧紧团结在一起。”推进马克思主义中国化时代化大众化是坚持和发展马克思主义的内在要求，也是实现用马克思主义中国化最新成果武装全党和教育人民战略任务的重要举措。

究竟应当如何理解马克思主义中国化时代化大众化及其相互关系呢？

（一）马克思主义中国化、时代化、大众化的科学内涵

从根本上来说，马克思主义中国化、时代化和大众化是一个统一的过程，这个过程就是马克思主义基本原理与时代

特征及中国具体实际有机结合的过程。中国化、时代化、大众化只是从不同角度、不同方面和不同层次对这一过程的不同表述形式。

马克思主义中国化，指的就是把马克思主义基本原理同中国具体实际相结合的过程。马克思主义产生于欧洲，当把它用于指导世界不同国家的革命和建设实践时，是否需要一个民族化的过程？在对这个问题的认识上观点并不一致。时至今日，国外仍有人反对马克思主义中国化的提法，认为这是反马克思主义的、是民族主义的。然而，历史事实已经雄辩地证明，只有把马克思主义中国化，才能真正有效地发挥好用马克思主义指导中国实践的伟大作用，也惟有如此，才能真正实现马克思主义本身的与时俱进。中国共产党从成立至今，一直致力于推进马克思主义与中国具体实际有机结合的伟大实践。1938 年 10 月，毛泽东同志在为中共六届六中全会所作的政治报告中，第一次明确提出并系统阐明了马克思主义中国化问题。他指出："离开中国特点来谈马克思主义，只是抽象的空洞的马克思主义。因此，马克思主义的中国化，使之在其每一表现中带着必须有的中国的特性，即是说，按照中国的特点去运用它，成为全党亟待了解并亟需解决的问题。"后来，在《新民主主义论》这篇光辉著作中，毛泽东同志再次强调指出："必须将马克思主义的普遍真理和中国革命的具体实践完全地恰当地统一起来，就是说，和民族的特点相结合，经过一定的民族形式，才有用处，决不能主观地公式地应用它。"马克思主义中国化的过程，具体来说就是运用马克思主义的立场、观点、方法研究和解决中国革命、建设和改革不同历史时期的实际问题，形成具有中国特色、中国风格、中国气派的中国化马克思主义理论的过程。马克思主义中国化的总体要求就是要立足中国国情、研究中国问题、形成中国理论、指导中国实践。

马克思主义时代化，指的就是把马克思主义基本原理同时代特征、时代主题、时代精神相结合，不断吸收新的时代内容，使马克思主义与时代发展同步伐的过程。马克思主义中国化的过程，既是马克思主义基本原理同中国具体实际相结合的过程，也是马克思主义基本原理同时代特征、时代主题、时代精神相结合的过程。马克思主义时代化的根本要求就是要反映时代精神、回答时代课题、引领时代潮流，不断推进马克思主义与时俱进。马克思主义时代化是马克思主义自身发展的根本要求。应时而生是马克思主义的显著特征之一，与时俱进是马克思主义的宝贵理论品质。革命导师恩格斯指出："每一个时代的理论思维，包括我们时代的理论思维，都是一种历史的产物，它在不同的时代具有完全不同的形式，同时具有完全不同的内容。"列宁也认为：只有"首先考虑到各个'时代'的不同的基本特征（而不是个别国家的个别历史事件），我们才能够正确地制定自己的策略；只有了解了某一时代的基本特征，才能在这一基础上去考虑这个国家或那个国家的更具体的特点"，并提出符合实际的任务。邓小平同志在总结当代社会主义经验教训的基础上也明确强调："绝不能要求马克思为解决他去世之后上百年、几百年所产生的问题提供现成答案。列宁同样也不能承担为他去世以后五十年、一百年所产生的问题提供现成答案的任务。真正的马克思列宁主义者必须根据现在的情况，认识、继承和发展马克思列宁主义。”当今世界正处在大发展大变革大调整时期，国际形势的深刻变化给我国发展带来新的机遇和挑战，新的形势和任务迫切需要我们准确把握当今世界发展大势，准确把握社会主义初级阶段基本国情，及时总结中国特色社会主义建设的新鲜经验，不断推进马克思主义时代化。

马克思主义大众化，指的就是把马克思主义的基本原理、基本观点通俗化、具体化，使之更好地为人民大众所理解、所接受。毛泽东同志在《在延安文艺座谈会上的讲话》中指出：“什么叫做大众化呢？就是我们的文艺工作者的思想感情和工农兵大众的思想感情打成一片。”新中国成立后，毛泽东同志又强调指出：“为了做好我们的工作，各级党委应当大大提倡学习马克思主义的认识论，使之群众化，为广大干部和人民群众所掌握，让哲学从哲学家的课堂上和书本里解放出来，变为群众手里的尖锐武器。”由此可见，马克思主义大众化的过程，也就是使马克思主义基本原理被广大人民群众接受，进而实现与人民大众有机结合的过程。马克思主义大众化的根本要求是关注人民群众的需求，解决人民群众的困惑，不断推进马克思主义与人民大众的有机结合。马克思主义大众化的具体要求主要体现在两个方面：一是强调理论要面向大众，要从课堂上和书本里解放出来，变为群众手里的尖锐武器，使马克思主义群众化；二是要求采用通俗的语言和老百姓喜闻乐见的形式，使马克思主义理论为广大群众所认同、所掌握并不断转化为自己行动的指南。

(二) 马克思主义中国化、时代化、大众化的相互关系

正如前面所说，马克思主义中国化、时代化和大众化是马克思主义与时代特征及中国具体实际有机结合的一个统一过程。这个过程既是三位一体、不可分割的，又是相互依存、相互制约和相互影响的。

首先，马克思主义中国化、时代化、大众化内涵不同、各有侧重。马克思主义中国化强调的是把马克思主义基本原理同中国具体实际相结合，形成具有中国特色、中国风格、中国气派的新理论；马克思主义时代化强调的是紧密结合时代特征，不断吸收新的时代内容，使马克思主义紧跟时代发展步伐；马克思主义大众化强调的是把马克思主义的基本原理、基本观点通俗化、具体化，使之更好地为人民大众所理解、所接受。由此看来，马克思主义中国化、时代化、大众化所表达的虽然都是马克思主义与中国实际相结合的过程，但各自所侧重和强调的角度是不一样的。

其次，马克思主义中国化、时代化、大众化三位一体、同步发展。马克思主义基本原理同中国具体实际相结合的过程，从本质上说既是马克思主义中国化的过程，也是马克思主义时代化和大众化的过程。推进马克思主义中国化的过程，必然也要求实现马克思主义时代化，即把马克思主义同时代特征和时代主题相结合，赋予马克思主义鲜活的时代特征。与此同时，在马克思主义中国化和时代化的历史进程中，又必然要求实现马克思主义大众化，以此促进马克思主

义被广大人民群众所接受、所掌握，进而自觉成为广大人民群众的指导思想。由此可见，马克思主义中国化、时代化和大众化是三位一体、同步发展的。

再次，马克思主义中国化、时代化、大众化相互制约、相互促进。第一，马克思主义中国化是主题。马克思主义时代化、大众化都要围绕着马克思主义中国化这个主题来展开、来拓展、来深化。第二，马克思主义时代化是关键。如果离开时代化，马克思主义就不能反映时代精神、适应时代需要、紧跟时代步伐、回答时代课题，进而也就不能与时俱进地丰富和发展马克思主义，这样就根本谈不上实现所谓马克思主义中国化和大众化。第三，马克思主义大众化是途径。马克思主义中国化、时代化的成果，只有被广大人民群众所理解、所接受、所掌握，才能转化为改造主客观世界的物质力量。不通过马克思主义大众化这条根本途径，马克思主义中国化和时代化的任务就根本不可能顺利完成。

(三) 推进马克思主义中国化、时代化、大众化的重大意义

所谓马克思主义中国化、时代化、大众化的时代价值，也就是从深层次回答马克思主义中国化、时代化、大众化的必要性、必然性问题。为什么必须推进马克思主义中国化、时代化、大众化？推进马克思主义中国化、时代化、大众化有什么理论意义和实践意义呢？

首先，推进马克思主义中国化是实现马克思主义与时俱

进的必然要求。马克思主义诞生于170多年前,从《共产党宣言》问世至今以来的历史充分证明,马克思主义是与时俱进的开放的理论体系。要实现马克思主义对当代世界社会主义运动的指导,就必须不断推进马克思主义与不同国家的具体实践相结合,在结合中不断丰富和发展马克思主义,以新的内容来充实马克思主义理论宝库。马克思主义基本原理与中国具体实际相结合的过程,就是马克思主义中国化的过程。中国共产党在90多年的发展历程中,始终坚持解放思想、实事求是、与时俱进,把马克思主义基本原理同中国具体实际相结合,在实践中丰富和发展了马克思主义,先后创立了毛泽东思想、邓小平理论、"三个代表"重要思想、科学发展观、习近平新时代中国特色社会主义思想,推进了中国革命、建设和改革事业的不断发展。在新的历史起点上,要想继续推进马克思主义在中国的新发展,使马克思主义不断焕发出强大的生命力,就必须继续推进马克思主义中国化,实现马克思主义与当代中国实际新的结合。

其次,推进马克思主义时代化是马克思主义应对时代挑战的内在需要。应时而生是马克思主义的显著特征之一,与时俱进是马克思主义的宝贵理论品质。马克思主义作为人类先进思想文化的结晶,是时代的产物。不同的时代具有不同的时代条件、时代主题和时代挑战。当今世界正处在大发展大变革大调整时期,时代特征和国际形势的深刻变化给我国发展带来新的机遇和挑战。在我们这样一个十几亿人口的发展中大国,要想不断推进中国特色社会主义伟大事业、推进党的建设新的伟大工程、推进马克思主义在当代中国的新发展，就必须适应当今时代发展的新要求、应对时代新挑战，继续推进马克思主义时代化。

最后，推进马克思主义大众化是用马克思主义武装全党、教育人民的最佳途径。马克思主义只有被广大人民群众掌握，才能变成认识世界和改造世界的强大武器，掌握的群众越多，就越能显现出马克思主义的巨大影响力。在当代中国，要想使当代中国的马克思主义——中国特色社会主义理论体系真正被广大党员和群众掌握，就必须大力推进马克思主义大众化，通过群众喜闻乐见的通俗化形式，把马克思主义中国化的最新成果转化为包括全体党员在内的广大人民群众改造主观世界与客观世界的思想利器。尤其是在中国特色社会主义新时代，随着我国经济体制、社会结构、利益格局的深刻变革和调整，人们思想活动的独立性、选择性、多变性和差异性不断增强，社会思想日趋多元、多样和多变。这就更加迫切需要我们通过开展中国特色社会主义理论体系的宣传教育，推动当代中国马克思主义大众化，坚持用马克思主义中国化的最新理论成果武装党员、教育人民，不断增强人们信仰中国特色社会主义理论、坚持中国特色社会主义道路、制度和文化的自觉性和坚定性。

(四) 马克思主义中国化、时代化、大众化的实现途径

推进马克思主义中国化、时代化和大众化，是历史和时代赋予我们的一项战略任务，也是马克思主义发展的本质要求，正如习近平总书记所说："发展 21 世纪马克思主义、当代

中国马克思主义，必须立足中国、放眼世界，保持与时俱进的理论品格，深刻认识马克思主义的时代意义和现实意义，锲而不舍推进马克思主义中国化、时代化、大众化，使马克思主义放射出更加灿烂的真理光芒。”

那么，如何才能真正有效地推进马克思主义中国化、时代化和大众化呢？

首先，掌握马克思主义基本原理是实现马克思主义中国化、时代化和大众化的基本前提。实现马克思主义中国化、时代化和大众化，其前提条件必须是掌握马克思主义的基本原理、基本观点和基本方法，提高用马克思主义立场、观点、方法研究解决中国实际问题的能力。正如毛泽东同志指出的那样：“在担负主要领导责任的观点上说，如果我们党有一百个至二百个系统地而不是零碎地、实际地而不是空洞地学会了马克思列宁主义的同志，就会大大地提高我们党的战斗力量。”离开对马克思主义基本原理、基本原则的科学把握而空谈所谓马克思主义中国化、时代化和大众化，是没有任何实际意义的。

其次，把握中国国情是实现马克思主义中国化、时代化和大众化的根本要求。中国国情是马克思主义中国化、时代化和大众化的现实基础，离开对中国国情的正确认识和科学把握，尤其是不了解不同时期中国社会的性质、发展阶段和主要矛盾，就不可能真正有效地实现马克思主义与中国实际的有机结合，毛泽东同志曾经讲过：“如果有了正确的理论，只是把它空谈一阵，束之高阁，并不实行，那末，这种理论再好也是没有意义的。”“对于马克思主义的理论，要能够精通它、应用它，精通的目的全在于应用。如果你能应用马克思列宁主义的观点，说明一个两个实际问题，那就要受到称赞，就算有了几分成绩。被你说明的东西越多，越普遍，越深刻，你的成绩就越大。”

第三，通过实践推进科学理论与现实国情的有机结合是实现马克思主义中国化、时代化和大众化的根本途径。理论与实际相结合是马克思主义的根本要求。再好的理论如果不与实际相结合就会成为无源之水、无本之木；同样，如果只看重实际而忽视科学理论的指导势必会在实践中碰壁。毛泽东同志指出："学习有两种态度。一种是教条主义的态度，不管我国情况，适用的和不适用的，一起搬来。这种态度不好。另一种态度，学习的时候用脑筋想一下，学那些和我国情况最适合的东西，即吸取对我们有益的经验，我们需要的是这样一种态度。"为此，我们必须以科学把握中国国情为出发点，以我们正在做的事情为中心，着眼于马克思主义理论的运用，着眼于对实际问题的理论思考，着眼于新的实践和新的发展，不断赋予马克思主义新的内涵，在实践中丰富和发展马克思主义科学理论。

第四，继承中国优秀传统文化和借鉴当今世界优秀文明成果是实现马克思主义中国化、时代化和大众化的重要环节。马克思主义中国化、时代化和大众化的一个重要前提，在于实现马克思主义与中华传统文化的有机融合。马克思主义时代化是以中国传统文化为根基的，马克思主义大众化的关键也在于用马克思主义改造传统文化并赋予传统文化新的时代内涵，实现马克思主义与传统文化的有机结合。当今世界是一个开放性的世界，在继承中华传统文化的同时，还必须坚持吸收借鉴当今世界优秀文明成果，因为推进马克思主义时代化要求我们深入研究和平、发展、合作时代主题下和全球化大趋势中马克思主义中国化的新发展和新走向，从世界和中国自身有机统一的高度去审视、思考和解决马克思主义发展所面对的新情况和新问题。为此，我们就必须科学地吸收借鉴人类的一切优秀文明成果，以此来丰富和发展中国化的马克思主义科学理论体系。

第五，推进中国化马克思主义理论的宣传普及是实现马克思主义中国化、时代化和大众化的基本要求。马克思主义本质上是人民大众的理论。为了实现马克思主义中国化、时代化和大众化，必须紧密联系人民大众的思想实际，广泛开展马克思主义特别是中国化马克思主义理论的宣传普及。在当代中国，推进马克思主义中国化、时代化、大众化，最主要的就是要推进包括邓小平理论、“三个代表”重要思想、科学发展观、习近平新时代中国特色社会主义思想等重大战略思想在内的中国特色社会主义理论体系的宣传普及。在推进中国化马克思主义理论的宣传普及过程中，必须防止把马克思主义简单化和庸俗化的倾向。马克思早就明确说过：“理论只要说服人，就能掌握群众；而理论只要彻底，就能说服人。所谓彻底，就是抓住事物的根本。”马克思主义其实是最朴实的真理，只要我们坚持贴近实际、贴近生活、贴近群众，充分考虑广大人民群众的接受能力和思维习惯，就一定能做到把深邃的理论用平实质朴的语言讲清楚，把深刻的道理用群众乐于接受的方式说明白，让科学理论从书斋里真正走进人民群众的心灵中。

第六，推进马克思主义理论创新和实践创新是实现马克思主义中国化、时代化和大众化的根本目的。创新是马克思主义中国化、时代化、大众化活的灵魂，从一定意义上说，马克思主义中国化、时代化和大众化的过程就是一个不断创新的过程。进行理论创新，必须坚持马克思主义的立场、观点和方法，坚持马克思主义的基本原理；坚持解放思想、实事求是、与时俱进，坚持勇于追求真理和探索真理的革命精神。坚持实践创新，必须牢牢把握当今时代特征和中国现阶段的基本国情，把握中国特色社会主义初级阶段和社会主要矛盾这一基本国情特点，及时总结党领导人民群众创造的新鲜经验，善于对人民群众最鲜活的实践经验作出理论概括，注重人民大众的实践诉求，切实解决群众反映强烈和事关全局的重点难点问题，把当代中国的马克思主义及时转化为不断满足人民群众根本利益的实践进程。

为什么说中国特色社会主义既坚持了科学社会主义基本原则又根据时代条件赋予其鲜明中国特色？

一个国家实行什么样的主义，关键要看这个主义能否解决这个国家面临的历史性课题。在中华民族积贫积弱、任人宰割的时期，各种主义和思潮都进行过尝试，资本主义道路没有走通，改良主义、自由主义、社会达尔文主义、无政府主义、实用主义、民粹主义、工团主义等也“你方唱罢我登场”，但都没能解决中国的前途和命运问题。是马克思列宁主义、毛泽东思想引导中国人民走出了漫漫长夜、建立了新中国，是中国特色社会主义使中国快速发展起来了。不说更早的时期，就从改革开放开始，特别是苏联解体、东欧剧变以后，唱衰中国的舆论在国际上不绝于耳，各式各样的“中国崩溃论”从来没有中断过。但是，中国非但没有崩溃，反而综合国力与日俱增，人民生活水平不断提高，“风景这边独好”。历史和现实都告诉我们，只有社会主义才能救中国，只有中国特色社会主义才能发展中国，这是历史的结论、人民的选择。

（一）中国特色社会主义是历史和时代的必然选择

2013 年 1 月 5 日，习近平总书记在新进中央委员会的委员、候补委员学习贯彻党的十八大精神研讨班开班式上发表的重要讲话中指出："中国特色社会主义是社会主义而不是其他什么主义，科学社会主义基本原则不能丢，丢了就不是社会主义。我们党始终强调，中国特色社会主义，既坚持了科学社会主义基本原则，又根据时代条件赋予其鲜明的中国特色。这就是说，中国特色社会主义是社会主义，不是别的什么主义。""中国特色社会主义，是科学社会主义理论逻辑和中国社会发展历史逻辑的辩证统一，是根植于中国大地、反映中国人民意愿、适应中国和时代发展进步要求的科学社会主义，是全面建成小康社会、加快推进社会主义现代化、实现中华民族伟大复兴的必由之路。"

近些年来，国内外有些舆论提出中国现在搞的究竟还是不是社会主义的疑问，有人说是"资本社会主义"，还有人干脆说是"国家资本主义""新官僚资本主义"。这些都是完全错误的。我们说中国特色社会主义是社会主义，那就是不论怎么改革、怎么开放，我们都始终要坚持中国特色社会主义道路、中国特色社会主义理论体系、中国特色社会主义制度、中国特色社会主义文化。当然，正如邓小平同志曾经指出的那样："我们的现代化建设，必须从中国的实际出发。无论是革命还是建设，都要注意学习和借鉴外国经验。但是，照抄照搬别国经验、别国模式，从来不能得到成功。"我们就是不断推进马克思主义中国化，搞中国特色社会主义。近年来，随着我国综合国力和国际地位上升，国际上关于"中国模式""中国道路"的议论和研究多了起来，其中不乏赞扬者。所谓"中国模式"，就是中国人民在自己的奋斗实践中创造的中国特色社会主义。我们坚信，随着中国特色社会主义不断发展，我们的制度必将越来越成熟，我国社会主义制度的优越性必将进一步显现，我们的道路必将越走越宽广，我国发展道路对世界的影响必将越来越大。

那么，为什么说中国特色社会主义是社会主义而不是其他什么主义？究竟怎样理解中国特色社会主义“既坚持了科学社会主义基本原则，又根据时代条件赋予其鲜明的中国特色”呢？

（二）中国特色社会主义坚持了科学社会主义基本原则

中国特色社会主义之所以能够引领中国发展进步，从根本上来说在于它坚持了科学社会主义基本原则。科学社会主义理论是符合人类社会发展规律、顺应社会历史发展趋势的科学理论。科学社会主义基本原则为中国特色社会主义道路奠定了坚实的理论基础。正是因为坚持了科学社会主义基本原则，中国特色社会主义才具有了不容置疑的科学性和真理性特征。

首先，中国特色社会主义坚持了科学社会主义的基本经济理论和原则。一是高度重视发展生产力。认为社会主义优于资本主义，归根结底还是表现在它能够创造出比资本主义更高的劳动生产率，发展生产力是社会主义的根本任务。二是坚持生产资料公有制。认为社会主义是“以共同占有生产资料为基础的社会”，共产党人可以把自己的理论概括为一句话:“消灭私有制”。三是坚持按劳分配原则。认为社会主义条件下“每个生产者在生活资料中得到的份额是由他的劳动时间决定的”,即“按等量劳动领取等量产品”。四是坚持共同富裕原则。认为共同富裕是社会主义区别于以往所有剥削制度的重要标志,是社会主义优越性的集中体现。

其次,中国特色社会主义坚持了科学社会主义的基本政治理论和原则。一是坚持人民民主专政即无产阶级专政。认为无产阶级专政是社会主义国家的根本政治制度。二是坚持人民代表大会制度。认为国家的最高权力属于人民代表,人民代表由人民选举产生,无产阶级必须“把一切政治权力集中于人民代议机关之手”,其权力机关应当由人民选举并监督。三是坚持工人阶级政党即共产党领导。认为工人阶级要想取得革命的成功,就必须建立自己的政党,这样“才能作为一个阶级来行动”,没有工人阶级政党的领导,就没有社会主义运动的兴起和发展。

再次,中国特色社会主义坚持了科学社会主义的基本文化理论和原则。一是坚持马克思主义科学世界观和方法论。恩格斯指出:“我们党有个很大的优点,就是有一个新的科学的观点作为理论的基础。”这就是辩证唯物主义和历史唯物主义。列宁指出:“马克思的历史唯物主义是科学思想中的最大成果。”“它把伟大的认识工具给了人类,特别是给了工人阶级。”马克思主义科学世界观和方法论是工人阶级及其劳动群众争取自身解放和整个人类解放的理论武器,是关于社会主义最终取代资本主义以及社会主义、共产主义发展的普遍规律的学说,是无产阶级政党的指导思想。二是必须吸收人类文化发展的一切优秀成果。认为文化建设不能割断与整个人类文明发展的联系,而必须继承和借鉴人类历史上一切有价值的优秀文化成果。三是坚持人的全面发展原则。认为"代替那存在着阶级和阶级对立的资产阶级旧社会的,将是这样一个联合体,在那里,每个人的自由发展是一切人的自由发展的条件"。社会主义社会必须为人的全面发展创造条件。

(三)中国特色社会主义根据时代条件赋予其鲜明中国特色

中国特色社会主义之所以能够引领中国发展进步,除了坚持科学社会主义基本原则外,关键还在于它根据时代条件赋予其鲜明的中国特色。正是这种中国特色,才使中国特色社会主义具有了鲜明的时代性和鲜活的生命力。

把马克思主义普遍原理同各国具体实践相结合,是马克思主义发展的必然要求。根据唯物辩证法关于矛盾的普遍性和特殊性关系原理的要求,科学社会主义只有同各国具体实际相结合才能发挥其自身作用、实现其自身发展。由于各个国家的现实国情、历史文化和发展程度各有不同,因此各国必须从实际出发寻找适合本国国情的社会主义模式。中国特色社会主义就是建立在中国国情基础上的科学社会主义。

中国特色社会主义是植根于中国大地、适应中国和时代发展要求的科学社会主义,是引领中国实现社会主义现代化、实现中华民族伟大复兴中国梦的必由之路。

中国特色社会主义道路既不是“传统的”，也不是“外来的”，更不是“西化的”，而是我们党带领亿万人民经过长期探索而“独创的”一条引领中国进步、实现人民福祉的伟大道路。中国特色社会主义以全新的视野深化了对共产党执政规律、社会主义建设规律、人类社会发展规律的认识，从理论和实践结合上系统回答了在中国这样人口多底子薄的东方大国建设什么样的社会主义、怎样建设社会主义这个根本问题，使我们国家快速发展起来，使我国人民生活水平快速提高起来。实践充分证明，中国特色社会主义是当代中国发展进步的根本方向，只有中国特色社会主义才能发展中国。

新中国成立以后，我们党带领人民走上了社会主义康庄大道。党的十一届三中全会之后，我们党坚定不移高举中国特色社会主义伟大旗帜，既不走封闭僵化的老路，也不走改旗易帜的邪路，而是带领人民探索出了一条符合中国实际、体现中国特色的中国特色社会主义道路。那么，中国特色社会主义所蕴含和体现的“中国特色”主要表现在哪些方面呢？我们认为，主要体现在以下几个方面：

其一，发展道路方面的“中国特色”。中国特色社会主义之特，首先在于它选择了一条具有鲜明中国特色的社会主义建设道路。什么是社会主义？怎样建设社会主义？传统的观点认为，社会主义就是经济上的生产资料公有制和按劳分配，政治上的共产党领导和无产阶级专政，文化上的马克思主义指导。其实，上述认识只是马克思主义关于科学社会主义的一般原则。经过几十年的社会主义建设实践，当代中国共产党人正是在总结社会主义经验教训的基础上，认识到必须根据本国的实际国情，把马克思主义普遍真理同中国实际结合起来，逐步探索一条中国特色社会主义建设道路。中国特色社会主义道路，既坚持以经济建设为中心，又全面推进经济建设、政治建设、文化建设、社会建设和生态文明建设；既坚持四项基本原则，又坚持改革开放；既不断解放和发展社会生产力，又逐步实现全体人民共同富裕、促进人的全面发展。在当代中国，坚持中国特色社会主义道路，就是真正坚持科学社会主义。

其二，发展阶段方面的“中国特色”。社会主义初级阶段理论是中国特色社会主义的另一个鲜明“特色”。邓小平同志对中国特色社会主义理论的一个重大贡献，就是提出了社会主义初级阶段理论，为中国建设社会主义提供了一个科学的“定位”。马克思曾把共产主义社会划分为“第一阶段”和“高级阶段”，列宁也曾把社会主义社会称为“新社会的初级形式”，毛泽东曾把社会主义区分为“不发达”和“比较发达”两个阶段，邓小平则在深刻把握我国基本国情的基础上明确提出了社会主义初级阶段理论，为我国制定现阶段的路线、方针和政策提供了科学依据，为防止“左”的或右的思潮提供了有力的思想武器。正是社会主义初级阶段理论的确立，才把中国特色社会主义真正置于当代中国伟大实践这一重要现实基础之上。

其三，经济制度方面的“中国特色”。中国特色社会主义在经济制度方面体现了自身的鲜明“特色”。当年苏联社会主义模式是由全民所有制（国家所有制）和集体农庄所有制所组成的社会主义公有制。新中国成立后前30年的所有制结构基本上是类似苏联模式的。实践证明，单一的和过分超前的所有制结构和分配模式是不能最大限度调动广大人民群众积极性的，也不利于社会生产力的快速发展。党的十一届三中全会后，我们党逐步探索并形成了以公有制为主体、多种所有制经济共同发展的基本经济制度，形成了以按劳分配为主体、多种分配方式并存的分配制度。实践证明这是适合我国社会主义初级阶段的基本经济制度和分配制度。

其四，经济体制方面的"中国特色"。在探索和确立中国特色社会主义基本经济制度和分配制度的同时，我们党还在经济运行体制方面作出了重要探索。根据以往的传统观念，人们认为社会主义经济运行体制只能是计划经济。新中国成立后的前30年我国经济体制基本上是按这种传统模式运行的。我们不能否认，当年的这种计划经济模式在集中有限的国力完成重大建设项目上，确实显示过巨大威力、发挥过重大作用。但随着经济全球化、一体化时代的到来，计划经济的弊端也越来越开始明显暴露出来。我们党正是适应世界经济社会发展的新要求，开始探索适合中国经济和社会发展的经济运行新体制。经过改革开放十几年的探索，党的十四大正式明确提出建立社会主义市场经济体制的战略目标。这是社会主义发展史上一个破天荒的创举，也是中国特色社会主义的一个显著"特色"。

其五，政治制度方面的"中国特色"。根据马克思主义创始人确立的关于社会主义基本政治制度的原则要求，我们党对中国特色社会主义基本政治制度也进行了不懈探索。一是确立了人民民主专政的国家政权。这是我国最根本的政治制度，是结合中国国情对马克思主义无产阶级专政理论的具体运用和发展。坚持人民民主专政是坚持和发展中国特色社会主义的可靠保证。二是确立了人民代表大会制度。这种制度是符合我国国情、具有中国特色的根本政治制度，是保证人民当家作主、促进社会主义现代化建设需要的政权组织形式。三是确立了中国共产党领导的多党合作和政治协商制度。这是中国特色社会主义民主政治制度的重要形式，是由我国具体历史条件和现实条件所决定的，也是我国政治制度中的一个特点和优点。为了更好地发挥这种政治制度的优势，我们党始终强调必须坚持党的领导、人民当家作主、依法治国的有机统一，不断推进社会主义政治制度的自我完善和发展。

其六，文化制度方面的“中国特色”。在建设社会主义精神文明、发展中国特色社会主义先进文化过程中，我们党逐步探索和总结了社会主义精神文明建设尤其是社会主义意识形态建设的一些基本规律和建设途径，从而使我们对中国特色社会主义文化建设规律的认识提高到了一个新水平和新高度。一是坚持用中国化马克思主义理论成果武装全党、教育人民。我们党始终坚持把马克思主义基本原理同中国具体实际相结合，不断推进马克思主义中国化，特别强调用马克思主义中国化最新成果、用中国特色社会主义理论体系来武装全党、教育人民。二是建设社会主义核心价值体系和核心价值观。社会主义核心价值体系是社会主义意识形态的本质体现。社会主义核心价值观是在社会主义核心价值体系基础上提出来的，是社会主义核心价值体系的内核，体现了社会主义制度在思想和精神层面的质的规定性，凝结着社会主义先进文化的精髓，是中国特色社会主义道路、理论体系和制度的价值表达，是实现中华民族伟大复兴中国梦的价值引领。三是牢固树立共产主义远大理想和中国特色社会主义共同理想。四是推动中华优秀传统文化创造性转化、创新性发展，继承革命文化，发展社会主义先进文化，建设社会主义文化强国。

当然，除了以上“特色”之外，中国特色社会主义在社会建设、生态文明建设以及党的制度建设方面，也先后形成了一系列独具特色的方法和经验。需要强调说明的一点是，我们强调的“中国特色”，是以坚持科学社会主义基本原理和基本方法为前提的，体现的是马克思主义关于矛盾普遍性与特殊性的辩证统一关系，无论是抛开普遍性（科学社会主义基本原理）单纯强调特殊性（中国特色）还是抛开特殊性单纯强调普遍性，都是不符合唯物辩证法基本要求的。

当然，科学社会主义也不可能一成不变，它必定随着时代、实践和科学的发展而不断发展，社会主义从来都是在开拓中前进的。正如习近平总书记所说：“坚持和发展中国特色社会主义是一篇大文章，邓小平同志为它确定了基本思路和基本原则，以江泽民同志为核心的党的第三代中央领导集体、以胡锦涛同志为总书记的党中央在这篇大文章上都写下了精彩的篇章。现在，我们这一代共产党人的任务，就是继续把这篇大文章写下去。”40 多年来，中国特色社会主义取得了巨大成就，我们对社会主义的认识、对中国特色社会主义规律的把握也已经达到了一个前所未有的新的高度，这一点不容置疑。但同时我们也必须看到，我国的社会主义还处在初级阶段，我们还面临很多没有弄清楚的问题和待解的难题，对许多重大问题的认识和处理都还处在不断深化的过程之中，这一点也不容置疑。面对新形势新任务，我们要继续坚定不移地高举中国特色社会主义伟大旗帜，坚持以邓小平理论、“三个代表”重要思想、科学发展观、习近平新时代中国特色社会主义思想为指导，毫不动摇地坚持和发展中国特色社会主义。

如何理解中国特色社会主义进入了新时代?

一百年前，十月革命一声炮响，给中国送来了马克思列宁主义。中国先进分子从马克思列宁主义的科学真理中看到了解决中国问题的出路。

中国共产党成立之后，经过28年的浴血奋战，我们党领导人民完成了新民主主义革命，建立了中华人民共和国，实现了中国从几千年封建专制向人民民主的伟大飞跃。

改革开放以来，我们党团结带领全国各族人民不懈奋斗，推动我国经济实力、科技实力、国防实力、综合国力进入世界前列，推动我国国际地位实现前所未有的提升，党的面貌、国家的面貌、人民的面貌、军队的面貌、中华民族的面貌发生了前所未有的变化，中华民族正以崭新姿态屹立于世界的东方。

经过长期努力，中国特色社会主义进入了新时代，这是我国发展新的历史方位，意味着近代以来久经磨难的中华民族迎来了从站起来、富起来到强起来的伟大飞跃。

那么，为什么说中国特色社会主义进入了新时代？中国特色社会主义进入了什么新时代？中国特色社会主义进入新时代有什么重要意义呢？

（一）为什么说中国特色社会主义进入了新时代

作出“中国特色社会主义进入新时代”这个重大判断，主要有这样三个原因：

一是改革开放以来特别是党的十八大以来我国社会发展取得的历史性成就和发生的历史性变革决定“我们已经走进了新时代”。习近平总书记在讲“中国特色社会主义进入新时代”的时候，前边用了“经过长期努力”这个表述。这就是说，中国特色社会主义进入新时代并不是说进入就进入的，而是经过长期努力才有的结果。这个“长期努力”应该是在新中国成立之后 30 多年艰辛探索的基础上，经过改革开放 40 年来的不懈奋斗，使我国社会发生了历史性变革。用党的十九大报告的语言来表达，那就是：“改革开放之初，我们党发出了走自己的路、建设中国特色社会主义的伟大号召。从那时以来，我们党团结带领全国各族人民不懈奋斗，推动我国经济实力、科技实力、国防实力、综合国力进入世界前列，推动我国国际地位实现前所未有的提升，党的面貌、国家的面貌、人民的面貌、军队的面貌、中华民族的面貌发生了前所未有的变化，中华民族正以崭新姿态屹立于世界的东方。”这是决定中国特色社会主义进入新时代的重要原因。当然，“进入新时代”也是一个过程，党的十八大以来“我们党以巨大的政治勇气和强烈的责任担当，提出一系列新理念新思想新战略，出台一系列重大方针政策，推出一系列重大举措，推进一系列重大工作，解决了许多长期想解决而没有解决的难题，办成了许多过去想办而没有办成的大事，推动党和国家事业发生历史性变革”。这些“历史性变革”就是中国特色社会主义进入新时代的显著标志。

二是我国社会主要矛盾已经发生了转变。新中国成立后，党的八大曾经概括过我国社会主要矛盾是“人民对于建立先进的工业国的要求同落后的农业国的现实之间的矛盾”，“是人民对于经济文化迅速发展的需要同当前经济文化不能满足人民需要的状况之间的矛盾”。后来，改革开放之初，我们党把我国社会主要矛盾概括为“人民日益增长的物质文化需要同落后的社会生产之间的矛盾”。经过几十年的发展，党的十九大对我国社会主要矛盾作出了新概括，强调“我国社会主要矛盾已经转化为人民日益增长的美好生活需要和不平衡不充分的发展之间的矛盾”，同时指出“我国社会主要矛盾的变化是关系全局的历史性变化，对党和国家工作提出了许多新要求”。我国社会主要矛盾的转变决定了中国特色社会主义历史方位的变化，标志着中国特色社会主义进入了“新时代”。

(二) 中国特色社会主义进入了什么新时代

既然中国特色社会主义进入了新时代，那么我们就要问：究竟什么是新时代？中国特色社会主义进入了一个什么样的新时代？

根据习近平总书记在党的十九大报告中对新时代基本内涵的阐释，我们可以从五个方面理解和把握新时代的基本内涵：

第一，这个新时代是承前启后、继往开来，在新的历史条件下继续夺取中国特色社会主义伟大胜利的时代。这就是说，新时代是当代中国共产党人继续写好“中国特色社会主义这篇大文章”、夺取中国特色社会主义新胜利的时代。

第二，这个新时代是决胜全面建成小康社会、进而全面建设社会主义现代化强国的时代。这就是说，新时代是要完成全面建成小康社会任务并且继续向建设富强民主文明和谐美丽的社会主义现代化强国目标而努力奋斗的时代。

第三，这个新时代是全国各族人民团结奋斗、不断创造美好生活、逐步实现全体人民共同富裕的时代。这就是说，新时代是不断解决人民对美好生活需求、实现全体人民共同富裕共同幸福的时代。

第四，这个新时代是全体中华儿女勠力同心、奋力实现中华民族伟大复兴中国梦的时代。这就是说，新时代是体现全体中国人民为实现中华民族伟大复兴中国梦而奋斗的时代。

第五，这个新时代是我国日益走近世界舞台中央、不断为人类作出更大贡献的时代。这就是说，新时代不仅是中国要实现中华民族伟大复兴，而且也是中国越来越走向世界舞台中央、越来越为人类作出更大贡献、进而逐步构建人类命运共同体的时代。

总的来看，新时代是从中国共产党人承担的不同历史时期的特殊历史使命角度来划分的，是我们党承担并完成从

"站起来"到"富起来"的重大历史使命之后,进一步使我们国家和全体人民走向"强起来"的时代。

(三) 中国特色社会主义进入新时代有什么重大意义

中国特色社会主义进入新时代,在中华人民共和国发展史上、中华民族发展史上具有重大意义,在世界社会主义发展史上、人类社会发展史上也具有重大意义。

第一,从中华民族复兴的历史进程看,中国特色社会主义进入新时代,意味着近代以来久经磨难的中华民族迎来了从站起来、富起来到强起来的伟大飞跃,迎来了实现中华民族伟大复兴的光明前景。新中国的成立使中国人民站起来,改革开放使中国人民逐步富起来,新时代中华民族要在继续向着共同富裕目标前进的过程中不断实现强起来的宏伟目标。

第二,从科学社会主义发展进程看,中国特色社会主义进入新时代,意味着科学社会主义在21世纪的中国焕发出强大生机活力,在世界上高高举起了中国特色社会主义伟大旗帜。20世纪末,苏东剧变使世界社会主义运动遭受曲折。中国坚持改革开放和现代化建设取得了历史性的成就,在沧海横流中显示了中国特色社会主义的勃勃生机。

第三,从人类文明进程看,中国特色社会主义进入新时代,意味着中国特色社会主义道路、理论、制度、文化不断发展,拓展了发展中国家走向现代化的途径,给世界上那些既希望加快发展又希望保持自身独立性的国家和民族提供了全新选择，为解决人类问题贡献了中国智慧和中国方案。当世界上一些国家陷入困难甚至危机时，中国却以政治稳定、经济发展而独树一帜。中国发展所释放出的强大影响力和示范力，吸引了很多国家关注和借鉴。

如何理解我国社会主要矛盾已经转化为人民日益增长的美好生活需要和不平衡不充分的发展之间的矛盾?

中国共产党成立以来,为了实现中华民族伟大复兴的历史使命,无论是弱小还是强大,无论是顺境还是逆境,我们党都初心不改、矢志不渝,团结带领人民历经千难万险,付出巨大牺牲,敢于面对曲折,勇于修正错误,攻克了一个又一个看似不可攻克的难关,创造了一个又一个彪炳史册的人间奇迹。今天,我们比历史上任何时期都更接近、更有信心和能力实现中华民族伟大复兴的目标。

经过长期努力,中国特色社会主义进入了新时代,这是我国发展新的历史方位。中国特色社会主义进入新时代,在中华人民共和国发展史上、中华民族发展史上具有重大意义,在世界社会主义发展史上、人类社会发展史上也具有重大意义。

党的十九大报告明确指出:"我国社会主要矛盾已经转化为人民日益增长的美好生活需要和不平衡不充分的发展之间的矛盾。"这是我们党根据时代变迁和国情变化对中国特色社会主义新时代我国社会主要矛盾的新概括。

中国共产党对我国社会主要矛盾的认识是随着我国社会发展的不同历史时期和不同发展阶段而逐步深化和不断

发展的。党对我国社会主要矛盾的正确认识和把握是我们党科学判断国情形势、正确制定大政方针的重要前提，对领导全党和全国人民推进中国革命、建设和改革事业发展具有十分重要的理论和现实意义。

（一）新民主主义革命时期党对社会主要矛盾的认识

中国共产党成立后，中国社会面临着各种错综复杂的社会矛盾。鸦片战争以来中国开始陷入内忧外患的黑暗境地，帝国主义国家在中国瓜分势力范围，封建地主阶级残酷压榨农民，资产阶级与帝国主义相互勾结，同时又与封建地主阶级盘根错节，共同压榨中国劳苦大众，使得山河破碎、民不聊生。在这种严峻形势下，究竟如何正确认识和把握中国社会的主要矛盾并依此制定出符合实际的政策措施？中国共产党以马克思主义矛盾观点为指导，对中国国情尤其是社会主要矛盾进行深刻认识和概括。以毛泽东为代表的中国共产党人经过长期探索得出结论："帝国主义和中华民族的矛盾，封建主义和人民大众的矛盾，这些就是近代中国社会的主要矛盾。""而帝国主义和中华民族的矛盾，乃是各种矛盾中的最主要的矛盾。"正是基于对当时主要矛盾的正确认识，我们党才科学制定了新民主主义革命不同时期的路线方针和政策，团结带领全国人民经过艰苦卓绝的不懈奋战，最终推翻了压在中国人民头上的三座大山，取得了新民主主义革命的伟大胜利。

(二) 社会主义改造和建设时期党对社会主要矛盾的认识

新中国成立后，我国社会进入了由新民主主义社会向社会主义社会的过渡时期。这个时期我国社会的主要矛盾是什么呢？

最早对新中国成立后我国社会主要矛盾进行概括的是1948年9月8日至13日党中央在西柏坡召开的中央政治局扩大会议，即中央政治局“九月会议”。毛泽东同志在这次会上发表的重要讲话中指出：“资产阶级民主革命完成之后，中国内部的主要矛盾就是无产阶级和资产阶级之间的矛盾，外部就是同帝国主义的矛盾。”刘少奇同志也在这次会议上指出：“在新民主主义经济中，基本矛盾就是资本主义（资本家和富农）与社会主义的矛盾。在反帝反封建的革命胜利以后，这就是新社会的主要矛盾。”他特别强调：“要清醒地看见这种矛盾。无产阶级与资产阶级的这种斗争，是社会主义与资本主义的两条道路的斗争。”这是我们党的领导人最早对新中国成立后我国社会主要矛盾进行论述。

新中国成立初期，我国存在多种经济成分，“那时在农村中的主要矛盾是封建主义与民主主义之间的矛盾，而不是资本主义与社会主义之间的矛盾，因此需要有两年至三年时间在农村实行土地改革”。“新民主主义革命在全国胜利和土地制度改革在全国完成以后，国内主要矛盾已经转为工人阶级和资产阶级之间、社会主义道路和资本主义道路之间的矛盾。”以此为依据，我们党制定了“过渡时期”的总路线，即在一个相当长的时期内，逐步实现国家的社会主义工业化，并逐步实现国家对农业、手工业和对资本主义工商业的社会主义改造。这一任务到1956年底基本完成。

随着社会主义改造胜利完成，中国社会实现了从新民主主义社会到社会主义社会的转变。1956年9月15日至27日中国共产党第八次全国代表大会在北京举行。八大正确分析了社会主义改造基本完成以后中国阶级关系和国内主要矛盾的变化，明确提出，我国社会主义改造基本完成以后，“我们国内的主要矛盾，已经是人民对于建立先进的工业国的要求同落后的农业国的现实之间的矛盾，已经是人民对于经济文化迅速发展的需要同当前经济文化不能满足人民需要的状况之间的矛盾”。这一矛盾的实质，在中国社会主义制度已经建立的情况下，也就是先进的社会主义制度同落后的社会生产之间的矛盾。解决这个矛盾的办法是发展社会生产力，实行大规模的经济建设。党的八大第一次对社会主义建设时期我国社会主要矛盾作出了系统概括。

1957年2月27日，毛泽东在最高国务会议第十一次(扩大)会议上作了题为《关于正确处理人民内部矛盾的问题》的重要讲话，这篇讲话经修改补充后在当年6月19日的《人民日报》上发表。在这篇重要讲话中毛泽东系统论述了马克思主义矛盾学说，指出社会主义社会的基本矛盾仍然是生产力和生产关系、经济基础和上层建筑之间的矛盾，同时社会主义社会还存在两类不同的社会矛盾，即敌我矛盾和人民内部矛盾，这是性质完全不同的两类矛盾，前者的性质是对抗性的，所以要采取强制的、专政的方法来解决，而后者的性质是非对抗性的，所以只能用民主的、教育的方法来解决。毛泽东还提出要把正确处理人民内部矛盾作为国家政治生活的主题。总的来看，我们党在这个时期对社会主要矛盾的认识是正确的、符合实际的。后来由于党内出现了一些“左”的倾向，使党对社会主要矛盾的认识发生偏差，1957 年 10 月 9 日，中共八届三中全会提出了“无产阶级和资产阶级的矛盾，社会主义道路和资本主义道路的矛盾”“是当前我国社会的主要矛盾”的论断；1958 年 5 月召开的中共八大二次会议提出在社会主义社会建成以前，无产阶级同资产阶级的斗争、社会主义道路同资本主义道路的斗争始终是我国内部的主要矛盾。党对社会主义时期主要矛盾认识的失误导致了后来我们党和国家一系列重大政策和决策的失误。

（三）改革开放和社会主义现代化建设时期党对社会主要矛盾的认识

1978 年召开的中共十一届三中全会，开启了我国改革开放和社会主义现代化建设的新时期。随着我国改革开放的启动和发展，我们党开始对新时期我国社会主要矛盾进行重新思考和探索。

在 1979 年 3 月 30 日党的理论工作务虚会上，我国改革开放的总设计师邓小平就社会主义社会基本矛盾和主要矛盾进行了重要论述，他指出：“基本的矛盾仍然是生产关系和生产力之间的矛盾，上层建筑和经济基础之间的矛盾”，“至于什么是目前时期的主要矛盾，也就是目前时期全党和全国人民所必须解决的主要问题或中心任务，由于三中全会决定把工作重点转移到社会主义现代化建设方面来，实际上已经解决了。我们的生产力发展水平很低，远远不能满足人民和国家的需要，这就是我们目前时期的主要矛盾，解决这个主要矛盾就是我们的中心任务”。这是改革开放后党的领导人首次对社会主要矛盾问题进行阐释。

正是在上述阐释的基础上，我们党开始重新揭示和概括我国社会主义时期的主要矛盾。1981 年 6 月 27 日召开的党的十一届六中全会通过的《关于建国以来党的若干历史问题的决议》，在充分肯定党的八大对我国国内主要矛盾概括结论的基础上明确指出：“我国所要解决的主要矛盾，是人民日益增长的物质文化需要同落后的社会生产之间的矛盾。党和国家工作的重点必须转移到以经济建设为中心的社会主义现代化建设上来，大大发展社会生产力，并在这个基础上逐步改善人民的物质文化生活。”这是我们党在改革开放后对国内主要矛盾最早作出的规范性科学概括。这一概括成为党在改革开放和社会主义现代化进程中制定各项路线、方针和政策的重要依据。

（四）中国特色社会主义新时代党对社会主要矛盾的认识

经过长期努力，中国特色社会主义进入了新时代，这是我国发展新的历史方位。中国特色社会主义进入新时代标志着我国社会主要矛盾也发生了新变化。

2017年10月召开的党的十九大对中国特色社会主义新时代我国社会主要矛盾作出了新概括。习近平总书记在党的十九大报告中指出："中国特色社会主义进入新时代，我国社会主要矛盾已经转化为人民日益增长的美好生活需要和不平衡不充分的发展之间的矛盾。"关于我国社会主要矛盾发生变化的原因，党的十九大报告主要概括为两点：一是我国已经总体上实现了小康，不久将全面建成小康社会，人民不仅对物质文化生活提出了更高要求，而且在民主、法治、公平、正义、安全、环境等方面的要求日益增长；二是我国社会生产力水平总体上显著提高，社会生产能力在很多方面进入世界前列，更加突出的问题是发展不平衡不充分，这已经成为满足人民日益增长的美好生活需要的主要制约因素。

我国社会主要矛盾变化是关系中国特色社会主义建设全局的历史性变化，这一变化要求我们必须在继续推动发展的基础上着力解决好发展的不平衡不充分问题，更好满足人民在经济、政治、文化、社会、生态等方面日益增长的需要。当然，我们也必须同时看到，我国社会主要矛盾的变化并没有改变我们对我国社会主义所处历史阶段的判断，我国仍处于并将长期处于社会主义初级阶段的基本国情没有变，我国是世界最大发展中国家的国际地位没有变。

中国共产党对我国社会主要矛盾的认识是随着时代发展和我国国情的具体变化而不断与时俱进的，党对我国社会主要矛盾认识不断深化的过程，标志着我们党对人类社会发展规律、对社会主义建设规律的认识达到了一个新境界，是马克思主义矛盾学说的新发展，也是马克思主义中国化的新发展。

如何理解习近平新时代中国特色社会主义思想的主要内容和历史地位？

伟大时代呼唤伟大思想，伟大思想引领伟大时代。中国特色社会主义进入了新时代，这是我国发展新的历史方位。

当今时代，是深刻变革、深度调整的新时代，是呼唤伟大思想并且一定能够产生伟大思想的新时代。习近平新时代中国特色社会主义思想，是这个伟大时代的产物，是把马克思主义基本原理与新时代中国国情和时代特征相结合的伟大理论成果。

党的十八大以来，以习近平同志为核心的党中央坚持以马克思列宁主义、毛泽东思想、邓小平理论、“三个代表”重要思想、科学发展观为指导，坚持解放思想、实事求是、与时俱进、求真务实，坚持辩证唯物主义和历史唯物主义，紧密结合新的时代条件和实践要求，以全新的视野深化对共产党执政规律、社会主义建设规律、人类社会发展规律的认识，进行艰辛理论探索，取得重大理论创新成果，创立了习近平新时代中国特色社会主义思想。

(一) 习近平新时代中国特色社会主义思想的主要内容

习近平新时代中国特色社会主义思想内涵十分丰富，涵盖了经济、政治、法治、科技、文化、教育、民生、民族、宗教、社会、生态文明、国家安全、国防和军队、“一国两制”和祖国统一、统一战线、外交、党的建设等各方面。

1. 习近平新时代中国特色社会主义思想中以“八个明确”为主要内容的核心要义

习近平新时代中国特色社会主义思想中的“八个明确”，体现了对“新时代坚持和发展什么样的中国特色社会主义”时代课题的科学回答。这部分内容深刻揭示和回答了新时代坚持和发展中国特色社会主义的总目标、总任务、总体布局、战略布局和发展方向、发展方式、发展动力、战略步骤、外部条件、政治保证等基本问题。

第一，明确坚持和发展中国特色社会主义，总任务是实现社会主义现代化和中华民族伟大复兴，在全面建成小康社会的基础上，分两步走在本世纪中叶建成富强民主文明和谐美丽的社会主义现代化强国。

第二，明确新时代我国社会主要矛盾是人民日益增长的美好生活需要和不平衡不充分的发展之间的矛盾，必须坚持以人民为中心的发展思想，不断促进人的全面发展、全体人民共同富裕。

第三，明确中国特色社会主义事业总体布局是“五位一体”、战略布局是“四个全面”，强调坚定道路自信、理论自信、制度自信、文化自信。

第四，明确全面深化改革总目标是完善和发展中国特色社会主义制度、推进国家治理体系和治理能力现代化。

第五，明确全面推进依法治国总目标是建设中国特色社会主义法治体系、建设社会主义法治国家。

第六，明确党在新时代的强军目标是建设一支听党指挥、能打胜仗、作风优良的人民军队，把人民军队建设成为世界一流军队。

第七，明确中国特色大国外交要推动构建新型国际关系，推动构建人类命运共同体。

第八，明确中国特色社会主义最本质的特征是中国共产党领导，中国特色社会主义制度的最大优势是中国共产党领导，党是最高政治领导力量，提出新时代党的建设总要求，突出政治建设在党的建设中的重要地位。

2. 习近平新时代中国特色社会主义思想中以“十四个坚持”为主要内容的基本方略

习近平新时代中国特色社会主义思想中的“十四个坚持”，体现了对“新时代怎样坚持和发展中国特色社会主义”时代课题的科学回答。这部分内容是根据新的实践对我国经济、政治、法治、科技、文化、教育、民生、民族、宗教、社会、生态文明、国家安全、国防和军队、“一国两制”和祖国统一、统一战线、外交、党的建设等各方面作出的理论分析和政策指导，是新时代坚持和发展中国特色社会主义的基本方略。

一是坚持党对一切工作的领导。党政军民学，东西南北中，党是领导一切的。必须增强政治意识、大局意识、核心意识、看齐意识，自觉维护党中央权威和集中统一领导，自觉在思想上政治上行动上同党中央保持高度一致，确保党始终总揽全局、协调各方。

二是坚持以人民为中心。人民是历史的创造者，是决定党和国家前途命运的根本力量。必须坚持人民主体地位，坚持立党为公、执政为民，践行全心全意为人民服务的根本宗旨，把党的群众路线贯彻到治国理政全部活动之中，把人民对美好生活的向往作为奋斗目标，依靠人民创造历史伟业。

三是坚持全面深化改革。只有社会主义才能救中国，只有改革开放才能发展中国、发展社会主义、发展马克思主义。必须坚持和完善中国特色社会主义制度，不断推进国家治理体系和治理能力现代化。

四是坚持新发展理念。发展是解决我国一切问题的基础和关键，发展必须是科学发展，必须坚定不移贯彻创新、协调、绿色、开放、共享的发展理念。必须坚持和完善我国社会主义基本经济制度和分配制度，毫不动摇巩固和发展公有制经济，毫不动摇鼓励、支持、引导非公有制经济发展，使市场在资源配置中起决定性作用，更好发挥政府作用。

五是坚持人民当家作主。坚持党的领导、人民当家作主、依法治国有机统一是社会主义政治发展的必然要求。必须坚持中国特色社会主义政治发展道路，坚持和完善人民代表大会制度、中国共产党领导的多党合作和政治协商制度、民族区域自治制度、基层群众自治制度。

六是坚持全面依法治国。全面依法治国是中国特色社会主义的本质要求和重要保障。必须把党的领导贯彻落实到依法治国全过程和各方面，坚定不移走中国特色社会主义法治道路，完善以宪法为核心的中国特色社会主义法律体系，建设中国特色社会主义法治体系，建设社会主义法治国家。

七是坚持社会主义核心价值体系。必须坚持马克思主义，牢固树立共产主义远大理想和中国特色社会主义共同理想，培育和践行社会主义核心价值观，不断增强意识形态领域主导权和话语权，推动中华优秀传统文化创造性转化、创新性发展，继承革命文化，发展社会主义先进文化，不忘本来、吸收外来、面向未来，更好构筑中国精神、中国价值、中国力量。

八是坚持在发展中保障和改善民生。增进民生福祉是发展的根本目的。必须多谋民生之利、多解民生之忧，在发展中补齐民生短板、促进社会公平正义，在幼有所育、学有所教、劳有所得、病有所医、老有所养、住有所居、弱有所扶上不断取得新进展。

九是坚持人与自然和谐共生。建设生态文明是中华民族永续发展的千年大计。必须树立和践行绿水青山就是金山银山的理念，坚持节约资源和保护环境的基本国策，坚定走生产发展、生活富裕、生态良好的文明发展道路，建设美丽中国。

十是坚持总体国家安全观。统筹发展和安全，增强忧患意识，做到居安思危，是我们党治国理政的一个重大原则。必须坚持国家利益至上，以人民安全为宗旨，以政治安全为根本，完善国家安全制度体系，加强国家安全能力建设，坚决维护国家主权、安全、发展利益。

十一是坚持党对人民军队的绝对领导。建设一支听党指挥、能打胜仗、作风优良的人民军队，是实现“两个一百年”奋斗目标、实现中华民族伟大复兴的战略支撑。必须全面贯御党领导人民军队的一系列根本原则和制度，实现党在新时代的强军目标。

十二是坚持“一国两制”和推进祖国统一。保持香港、澳门长期繁荣稳定，实现祖国完全统一，是实现中华民族伟大复兴的必然要求。必须把维护中央对香港、澳门特别行政区全面管治权和保障特别行政区高度自治权有机结合起来，确保“一国两制”方针不会变、不动摇，确保“一国两制”实践不变形、不走样。

十三是坚持推动构建人类命运共同体。中国人民的梦想同各国人民的梦想息息相通，实现中国梦离不开和平的国际环境和稳定的国际秩序。必须统筹国内国际两个大局，始终不渝走和平发展道路、奉行互利共赢的开放战略，始终做世界和平的建设者、全球发展的贡献者、国际秩序的维护者。

十四是坚持全面从严治党。勇于自我革命，从严管党治党，是我们党最鲜明的品格。必须以党章为根本遵循，把党的政治建设摆在首位，思想建党和制度治党同向发力，不断增强党自我净化、自我完善、自我革新、自我提高的能力，始终保持党同人民群众的血肉联系。

新时代坚持和发展中国特色社会主义的基本方略，是习近平新时代中国特色社会主义思想的重要组成部分，也是落实习近平新时代中国特色社会主义思想的实践要求。

习近平新时代中国特色社会主义思想内容十分丰富，涵盖改革发展稳定、内政外交国防、治党治国治军等各个领域、各个方面，构成了一个系统完整、逻辑严密、相互贯通的思想理论体系。“八个明确”是理论层面、世界观方面的表述，重点讲的是怎么看，回答的是新时代坚持和发展什么样的中国特色社会主义的问题；“十四个坚持”是实践层面、方法论层面的表述，重点讲的是怎么办，回答的是新时代怎样坚持和发展中国特色社会主义的问题。“八个明确”和“十四个坚持”体现了习近平新时代中国特色社会主义思想理论与实践的统一。

（二）习近平新时代中国特色社会主义思想的历史地位

1. 马克思主义中国化最新成果

习近平新时代中国特色社会主义思想与马克思列宁主义、毛泽东思想、邓小平理论、“三个代表”重要思想、科学发展观既一脉相承又与时俱进，是马克思主义中国化的新飞跃，是当代中国马克思主义、21世纪马克思主义。

习近平新时代中国特色社会主义思想开辟了马克思主义新境界。在人类思想史上，就科学性、真理性、影响力、传播面而言，没有一种思想理论能达到马克思主义的高度，也没有一种学说能像马克思主义那样对世界产生如此巨大的影响。习近平新时代中国特色社会主义思想鲜明贯穿着马克思主义立场、观点和方法，始终把马克思主义作为理论起点、逻辑起点、价值起点，处处闪耀着马克思主义真理光辉，“没有丢掉老祖宗”。同时，它又以我们正在做的事情为中心，直面前进道路上的各种困难和矛盾、风险和挑战，着力探索破解难题、推进事业发展的新理念新思想新战略，讲了许多老祖宗没有讲过的新话，具有强烈的时代气息和现实针对性。习近平新时代中国特色社会主义思想以一系列具有原创性的新思想新观点新论断，在理论上实现了重大突破、重大创新、重大发展，写出了马克思主义新版本，对马克思主义在21世纪的发展作出了重大原创性贡献，以全新视野深化了对共产党执政规律、社会主义建设规律和人类社会发展规律的认识，充分彰显了科学理论的强大生命力和中国共产党人的理论创造力，是当代最现实最鲜活的马克思主义。

习近平新时代中国特色社会主义思想开辟了中国特色社会主义新境界。中国特色社会主义是改革开放以来党的全部理论和实践的主题。以习近平同志为核心的党中央一以贯之坚持和发展中国特色社会主义，续写中国特色社会主义这篇大文章，形成了系统完备、逻辑严密、内在统一的科学体系，把中国特色社会主义和实现社会主义现代化、实现中华民族伟大复兴有机贯通起来，聚焦“从哪里来、到哪里去”的历史追问，系统阐述了民族复兴的深刻内涵、历史方位、实现路径和战略步骤，为实现中华民族伟大复兴的中国梦提供了强大精神力量，标注了正确前进方向，充分体现了中国特色社会主义理论自信，也向世界展示了社会主义的光明图景。

习近平新时代中国特色社会主义思想对人类文明进步具有重要意义。当今世界正处于百年未有的大变局，世界经济增长需要新动力，发展需要更加普惠平衡，贫富差距鸿沟有待弥合，地区热点问题此起彼伏。面对摆在全人类面前的共同挑战，习近平新时代中国特色社会主义思想洞察时代风云，把握世界发展大势，回答了关系人类前途命运的重大问题，包括中国新型现代化之路、新型经济全球化方案、“一带一路”建设、世界经济复苏方案、“人类命运共同体”理念、共商共建共享原则等思想。中国的做法和经验为发展中国家提供了路径启示，拓展了发展中国家走向现代化的途径，给世界上那些既希望加快发展又希望保持自身独立性的国家和民族提供了全新选择。为应对全球性挑战、解决全球性问题贡献了中国智慧和中国方案，为人类文明思想宝库增添了绚丽夺目的瑰宝。

实践没有止境，理论创新也没有止境。习近平新时代中国特色社会主义思想是开放的理论体系，是我们推进马克思主义中国化的新的起点，必将随着党和国家事业的发展而不断发展。

2. 新时代的精神旗帜

旗帜问题至关重要，事关党的正确方向，决定着党的凝聚力、引领力、战斗力，关乎国家前途命运和人民根本利益。新时代新任务新实践需要新思想来指引。习近平新时代中国特色社会主义思想扎根于960多万平方公里的广袤土地，立足于新中国成立以来特别是改革开放40多年的伟大实践，聚合了近14亿中国人民的智慧和创造，具有无比深厚的现实基础、十分鲜明的实践特色，是新时代党和人民共同奋斗的精神旗帜。

这一思想坚持以社会主义现代化建设进程中的实际问题、以我们正在做的事情为中心，着眼统揽伟大斗争、伟大工程、伟大事业、伟大梦想，大智慧谋划大格局，大手笔续写大文章，是实践探索、经验总结、理论升华凝结而成的思想结晶。这一思想既立足于现实的中国，又植根于历史的中国，以中华文明为源头活水，从五千多年文明中承继人文精神、道德价值的精华养分，从历朝历代的治乱兴衰中总结安邦治国、经世济民的历史智慧，从我们党革命、建设、改革的奋斗历程中探寻民族复兴、民富国强的客观规律，是中华文化创造性转化和创新性发展的思想成果，具有无比深厚的历史底蕴。这一思想紧紧围绕强国梦想，贯通党的使命、国家的前途、人民的福祉、民族的命运，贯通中国的过去、现在和未来，体现了科学社会主义理论逻辑与中国社会发展历史逻辑的辩证统一，成为当今时代最富中国味、最具中国魂的科学理论。这一思想必将以强大的解释力创造力凝聚力，激励全党全国各族人民朝着共同的目标团结奋进，不断创造新辉煌。

党的十九大通过的党章修正案，把习近平新时代中国特色社会主义思想确立为党的指导思想，十三届全国人大一次会议把这一思想载入宪法。

3. 实现中华民族伟大复兴的行动指南

习近平新时代中国特色社会主义思想是党和国家必须长期坚持的指导思想，是全党全国各族人民团结奋斗的共同思想基础，是决胜全面建成小康社会、建设社会主义现代化强国、实现中华民族伟大复兴中国梦的行动纲领。

习近平新时代中国特色社会主义思想，是党的意志、国家意志和人民意志的集中体现，为新时代坚持和发展中国特色社会主义提供了根本指引。中国特色社会主义是建设社会主义现代化强国、实现中华民族伟大复兴的必由之路。习近平新时代中国特色社会主义思想围绕新时代坚持和发展什么样的中国特色社会主义、怎样坚持和发展中国特色社会主义这个重大时代课题进行谋篇布局，在不断推进“四个伟大”的实践过程中，提出了一系列具有开创性意义的新理念新思想新战略，从根本上引领党和国家事业取得历史性成就、发生历史性变革，开启和引领了中国特色社会主义的新时代、新发展，也必将有力指引决胜全面建成小康社会、全面建设社会主义现代化强国新征程。

习近平新时代中国特色社会主义思想为新时代治国理政提供了基本遵循。没有国家治理现代化，就没有中华民族的伟大复兴。这一思想围绕什么是国家治理现代化、如何实现国家治理现代化，顺应时代潮流，把握时代发展大势，坚持一切从实际出发，坚持人民主体地位，坚持把人民对美好生活的向往作为奋斗目标，直面前进道路上的各种困难和矛盾、风险和挑战，准确把握我国发展的阶段性特征和我国社会主要矛盾的新变化，勇于破除一切不合时宜的思想观念和体制机制弊端，提出一系列重要观点，作出一系列重大部署，为不断完善中国特色社会主义制度、推进国家治理体系和治理能力的现代化提供了基本遵循。

习近平新时代中国特色社会主义思想为全面从严治党、把党建设成为中国特色社会主义事业的坚强领导核心提供了强大思想武器。治国必先治党，治党务必从严。实现民族复兴，关键在党。这一思想着眼确保党始终成为中国特色社会主义坚强领导核心，提出全面加强党的领导，强调党是最高政治领导力量，党政军民学，东西南北中，党是领导一切的，坚持党中央权威和集中统一领导，增强政治意识、大局意识、核心意识、看齐意识，确保党始终总揽全局、协调各方，深刻揭示了党和国家的根本所在、命脉所在，揭示了全国各族人民的幸福所系、利益所系。这一思想着眼保持党的先进性和纯洁性、克服“四大考验”“四种危险”，提出全面从严治党，明确新时代党的建设总要求，强调以政治建设为统领，坚持思想建党和制度治党同向发力，全面推进党的政治建设、思想建设、组织建设、作风建设、纪律建设，以零容忍态度惩治腐败，构建起体现马克思主义政党本质、符合时代发展和长期执政能力要求的系统完备的党建理论体系。这一思想深刻把握伟大工程在“四个伟大”中的决定性作用，充分体现了“打铁必须自身硬”的坚强意志，体现了推进社会革命和自我革命相统一的高度自觉，对在管党治党实践中引领党的革命性锻造，实现全党思想上统一、政治上团结、行动上一致，极大增强党的凝聚力、战斗力和领导力、号召力，完成好新时代党的历史使命具有重大意义。

如何理解习近平新时代中国特色社会主义思想的鲜明特色?

“问渠那得清如许,为有源头活水来。”

《习近平谈治国理政》第二卷自 2017 年 11 月发行以来,受到国际社会广泛关注,在全球引起热烈反响。短短几个月时间该著作的中英文版全球发行已突破 1300 万册。

《习近平谈治国理政》第一卷和第二卷生动记录了以习近平同志为核心的党中央团结带领全党全国各族人民在新时代坚持和发展中国特色社会主义的伟大实践,集中反映了习近平新时代中国特色社会主义思想的发展脉络和主要内容。

习近平新时代中国特色社会主义思想是党和人民实践经验和集体智慧的结晶,是马克思主义中国化最新成果。那么,习近平新时代中国特色社会主义思想作为我们党理论创新和实践创新的伟大成果具有哪些鲜明特色呢?

(一) 党性与人民性的有机统一

在习近平新时代中国特色社会主义思想中,党性与人民性是内在统一的。习近平总书记明确指出:“人民立场是中国共产党的根本政治立场,是马克思主义政党区别于其他政党的显著标志。”习近平总书记这一重要论述从根本上揭示了党性与人民性的内在统一性。党的根基在人民，力量在人民，只有始终不渝坚持一切为了人民、一切依靠人民，充分发挥广大人民群众的积极性和创造性，党的事业、国家的事业才能不断发展。在党的十九大报告中，习近平总书记强调“党是最高政治领导力量”，必须“确保党始终总揽全局、协调各方”，新时代中国特色社会主义基本方略中第一、二条就是“坚持党对一切工作的领导”和“坚持以人民为中心”，这本身就清楚地说明了党的事业与人民事业的一致性、党性与人民性的内在统一性。

（二）世界观与方法论的有机统一

革命导师马克思说过，以往的“哲学家们只是用不同的方式解释世界，问题在于改变世界”。马克思主义的一个鲜明特点就是把阐释世界的理论和改造世界的方法有机统一起来，把世界观和方法论有机统一起来，从而实现了认识世界和改造世界的有机结合。在习近平新时代中国特色社会主义思想中，“八个明确”侧重揭示和阐释的是“新时代坚持和发展什么样的中国特色社会主义”，是具有世界观意义、宏观指导意义的重要思想；十四条“基本方略”侧重揭示和阐释的是“新时代怎样坚持和发展中国特色社会主义”，是具有方法论意义、行动纲领意义的思想。正是这“八个明确”和十四个“基本方略”共同构成了习近平新时代中国特色社会主义思想的完整内容和科学体系，这一科学体系集中体现了马克思主义世界观与方法论的内在统一。

(三) 理论创新与实践创新的有机统一

习近平新时代中国特色社会主义思想是党的理论创新和实践创新的伟大成果。正如党的十九大报告所指出的那样，国内外形势变化和我国各项事业发展给我们提出了一个重大时代课题——必须从理论和实践结合上系统回答新时代坚持和发展什么样的中国特色社会主义、怎样坚持和发展中国特色社会主义。以习近平同志为核心的党中央正是适应时代要求，从理论和实践有机结合上系统回答了上述时代课题，揭示了新时代坚持和发展中国特色社会主义的总目标、总任务、总体布局、战略布局和发展方向、发展方式、发展动力、战略步骤、外部条件、政治保证等基本问题，并且根据新的实践对经济、政治、法治、科技、文化、教育、民生、民族、宗教、社会、生态文明、国家安全、国防和军队、“一国两制”和祖国统一、统一战线、外交、党的建设等各方面作出了理论分析和政策指导，形成了体现理论和实践有机结合的习近平新时代中国特色社会主义思想体系。

(四) 继承性与创新性的有机统一

党的十九大报告明确指出：“新时代中国特色社会主义思想，是对马克思列宁主义、毛泽东思想、邓小平理论、‘三个代表’重要思想、科学发展观的继承和发展。”任何科学的理论都是建立在人类文明成果和前人已有思想基础上的，习近平新时代中国特色社会主义思想既没有丢掉“老祖宗”，始终坚持了马克思主义立场观点和方法、捍卫了马克思主义基本原则，同时又结合时代特点和当今中国国情发展了马克思主义，讲了许多“老祖宗”没有讲过的新话，提出了一系列“老祖宗”没有阐释过的新理念新思想新战略。无论是关于新时代中国特色社会主义总任务、总目标、总布局的思想，还是关于新时代中国特色社会主义主要矛盾、强军目标、外交战略、党的建设等的思想，都是在继承党的历代中央领导核心思想的基础上结合新时代具体国情提出来的具有鲜明创新价值的新思想。习近平新时代中国特色社会主义思想，与马克思列宁主义、毛泽东思想、邓小平理论、“三个代表”重要思想、科学发展观是既一脉相承又与时俱进的科学理论体系。

（五）中国立场与世界胸怀的有机统一

习近平总书记说过：“中国人是讲爱国主义的，同时我们也是具有国际视野和国际胸怀的。”坚持中国国家利益和维护世界和平发展有机结合、立足中国和放眼世界有机结合、爱国主义和国际主义有机结合是习近平新时代中国特色社会主义思想的又一鲜明特色。在坚持中国立场发展中国事业方面，习近平总书记紧紧围绕坚持和发展中国特色社会主义、实现中华民族伟大复兴的中国梦这一总目标和总任务，不断深化对共产党执政规律、社会主义建设规律和人类社会发展规律的认识，形成了一系列重大理论创新和实践创新的成果,规划设计了新时代坚持和发展中国特色社会主义的总目标、总任务、总布局等一系列事关党和国家发展前途命运的重大问题。与此同时,习近平总书记还放眼世界,站到国际大视野角度对推动建立新型国家关系、构建人类命运共同体等重要国际和外交问题作出了一系列重要论述,得到了世界许多国家的高度赞誉。坚持中国立场和具有世界胸怀相贯通、立足中国实际和放眼世界大局相统一是习近平新时代中国特色社会主义思想的重要内容和鲜明特色。

(六)顶层设计与行动纲领的有机统一

习近平新时代中国特色社会主义思想在方法论上有一个明显的特点,那就是对新时代中国特色社会主义的规划既有顶层设计和整体谋划,又有重大举措和行动纲领,“八个明确”是对新时代中国特色社会主义的顶层设计和整体规划,十四条“基本方略”则是在新时代如何坚持和发展中国特色社会主义的重大举措和行动纲领。关于新时代中国特色社会主义的总任务、总目标、总布局等属于对新时代中国特色社会主义的顶层设计和整体规划,而关于新时代如何贯彻新发展理念、建设现代化经济体系,健全人民当家作主制度体系、发展社会主义民主政治,坚定文化自信、推动社会主义文化繁荣兴盛,提高保障和改善民生水平、加强和创新社会治理,加快生态文明体制改革、建设美丽中国,坚持走中国特色强军之路、全面推进国防和军队现代化,坚持“一国两制”、推进祖国统一,坚持和平发展道路、推动构建人类命运共同体等等，就是新时代如何坚持和发展中国特色社会主义的重大举措和行动纲领。实现顶层设计与行动纲领的有机结合是习近平新时代中国特色社会主义思想的鲜明特色，也是以习近平同志为核心的党中央治国理政的一个重要特点。

如何理解坚持中国特色社会主义“四个自信”？

中国特色社会主义不是从天上掉下来的，而是党和人民历尽千辛万苦、付出巨大代价取得的根本成就。坚持不忘初心、继续前进，就必须坚持中国特色社会主义道路自信、理论自信、制度自信、文化自信。有了“自信人生二百年，会当水击三千里”的勇气，我们就能毫无畏惧面对一切困难和挑战，就能坚定不移开辟新天地、创造新奇迹。

习近平总书记在省部级主要领导干部专题研讨班上的重要讲话中强调指出：“中国特色社会主义是改革开放以来党的全部理论和实践的主题，全党必须高举中国特色社会主义伟大旗帜，牢固树立中国特色社会主义道路自信、理论自信、制度自信、文化自信，确保党和国家事业始终沿着正确方向胜利前进。”习近平总书记这段重要论述深刻阐明了坚持中国特色社会主义“四个自信”在推进中国特色社会主义事业发展、确保党和国家事业始终沿着正确方向胜利前进过程中的重要地位和作用，为我们实现“两个一百年”奋斗目标和实现中华民族伟大复兴的中国梦提供了正确的理论指导和行动指南。

(一) 如何理解“四个自信”的科学内涵

中国特色社会主义道路自信、理论自信、制度自信、文化自信是当代中国共产党人对自己选定的道路、理论、制度和文化的坚定认同和坚强信心。习近平总书记说得好:“当今世界,要说哪个政党、哪个国家、哪个民族能够自信的话,那中国共产党、中华人民共和国、中华民族是最有理由自信的。”在新的历史条件下,我们要“坚持不忘初心、继续前进,就要坚持中国特色社会主义道路自信、理论自信、制度自信、文化自信,坚持党的基本路线不动摇,不断把中国特色社会主义伟大事业推向前进”。

自信是战胜一切困难的内在动力。我们做任何事情都需要心理上的自信和意志上的坚强,这两点是我们战胜前进道路上任何困难和挫折的内在精神动力。我国先秦时期的著名思想家墨子曾经说过这样一段话:“君子进不败其志,内究其情;虽杂庸民,终无怨心,彼有自信者也。”这段话的意思是说,君子之所以处于顺境时不张狂、不堕落,处于低谷时不萎靡、不厌世,其根本原因就在于内心有充分的自信。

自信是勇于进取的良好精神状态。人是要有一点精神的。良好的精神状态常常是我们做好工作、成就事业的内在动力。自信是人们在自我评价上的一种积极态度,它表示某个个人或群体对自身力量和价值的自我认同、自我肯定和自我信任,是一种良好、健康的精神状态。一个人有自信,才会态度积极、信心十足、精力充沛、勇于进取;反之,如果缺乏自信，就会精神懈怠、意志松懈、优柔寡断、无所作为。一个人如此，一个国家、一个民族、一个群体也并不例外。

中国特色社会主义“四个自信”是建立在更高层次和更深意义上的自信。首先，“四个自信”表明我们党和人民对中国特色社会主义自身的科学性和真理性充满信心。中国特色社会主义是我们党和人民经过长期探索而取得的最根本成就，是马克思主义基本原理同当代中国实际和时代特征相结合的产物，是经实践反复证明了的科学真理。其次，“四个自信”表明我们党和人民对中国特色社会主义的实践效果充满信心。改革开放 40 多年来，我们党始终坚持中国特色社会主义道路和制度，始终坚持用中国特色社会主义理论指导实践，从而取得了举世瞩目的伟大成就。坚持“四个自信”确保了中国特色社会主义事业发展的正确方向。最后，“四个自信”还表明我们党和人民对中国特色社会主义的发展前景充满信心。坚持“四个自信”是继续推进中国特色社会主义事业不断发展、实现中华民族伟大复兴中国梦的重要保障。随着我国改革开放和社会主义现代化建设事业的不断深化，中国特色社会主义道路会越走越宽广，中国特色社会主义制度会越来越完善，中国特色社会主义理论和文化会越来越放射出真理的光芒。

(二) 坚持“四个自信”的内在原因

高举中国特色社会主义伟大旗帜、确保党和国家事业始终沿着正确方向胜利前进，必须牢固树立中国特色社会主义道路自信、理论自信、制度自信和文化自信。

首先，只有坚持道路自信，才能确保中国特色社会主义事业前进方向。“路漫漫其修远兮，吾将上下而求索。”道路问题是事关发展方向、发展前途的大问题。习近平总书记曾经说过：“中国特色社会主义这条道路来之不易，它是在改革开放30多年的伟大实践中走出来的，是在中华人民共和国成立60多年的持续探索中走出来的，是在对近代以来170多年中华民族发展历程的深刻总结中走出来的，是在对中华民族5000多年悠久文明的传承中走出来的。”改革开放以来，我们党正因为探索出了一条中国特色社会主义道路，才使我国取得了举世瞩目的成就；只有继续坚定不移地走中国特色社会主义道路，才能确保我们党和国家事业继续沿着正确道路不断前进。我们强调坚持中国特色社会主义道路自信，其主要原因有两条：一是中国特色社会主义道路既坚持了科学社会主义基本原理又赋予其鲜明的中国特色，是马克思主义基本原则与当代中国实际及时代特征有机结合的产物；二是中国特色社会主义道路在短短几十年的时间里使我国生产力得到快速发展，综合国力得到快速增强，人民生活水平得到快速提高。中国特色社会主义自身的科学性和实践成效是我们坚持道路自信的最根本的内在依据，也正因为这一点，我们才得出这样的结论：只有坚持道路自信，才能确保中国特色社会主义事业前进方向。

其次，只有坚持理论自信，才能确保中国特色社会主义指导思想正确。理论来源于实践，理论又反过来指导实践。只有坚持理论自信，才能使中国特色社会主义理论在指导党和国家事业发展过程中发挥更积极、更充分的作用。中国特色社会主义理论体系是对马克思列宁主义、毛泽东思想的坚持和发展，是指导我们党和人民沿着中国特色社会主义道路实现中华民族伟大复兴的正确理论。中国特色社会主义理论体系包括改革开放以来马克思主义中国化的重要理论成果——邓小平理论、“三个代表”重要思想、科学发展观、习近平新时代中国特色社会主义思想。习近平新时代中国特色社会主义思想是马克思主义中国化最新理论成果，也是中国特色社会主义理论体系的最新成果。我们之所以强调坚持中国特色社会主义理论自信，一是因为中国特色社会主义理论体系自身的科学性和真理性，这个理论体系同马克思列宁主义、毛泽东思想是既一脉相承又与时俱进的科学理论体系；二是因为马克思主义、毛泽东思想和中国特色社会主义理论体系已经指引全党和全国人民取得革命、建设和改革事业的巨大胜利和成功，并正在继续引领我们取得新的更大胜利和成功。只有继续坚持理论自信，才能确保党和国家事业继续沿着中国特色社会主义正确方向不断前进。

再次，只有坚持制度自信，才能确保中国特色社会主义制度更加优越、更加完善。中国特色社会主义制度的优越性是我们坚持制度自信的客观原因；只有坚持制度自信才能确保党和国家事业永远在中国特色社会主义先进制度保障下不断发展。邓小平同志早就说过：“制度问题更带有根本性、全局性、稳定性和长期性。”“制度问题，关系到党和国家是否改变颜色，必须引起全党的高度重视。”中国特色社会主义制度是建立在中国特色社会主义道路基础之上、以中国特色社会主义理论体系为指导而形成的符合中国特色的制度体系，它集中体现了中国特色社会主义的性质、特点和优势，是中国特色社会主义事业发展进步的根本制度保障。我们之所以强调坚持中国特色社会主义制度自信，一是因为中国特色社会主义制度为中国特色社会主义道路的确立和发展提供了坚强的政治保障，同时也为中国特色社会主义事业的不断发展和进步提供了强大政治动力；二是中国特色社会主义制度为中国特色社会主义理论体系的形成和发展提供了坚强政治基础和政治保障。在发展中国特色社会主义伟大事业过程中，我们必须毫不动摇地坚持和完善中国特色社会主义制度，使中国特色社会主义制度随着中国特色社会主义道路的不断拓展和中国特色社会主义理论体系的不断丰富而不断发展、不断完善。

最后，只有坚持文化自信，才能确保中国特色社会主义先进文化发展的前进方向。文化自信是一个民族、国家或政党对本民族传统文化和现代文化价值的积极认同、充分肯定和积极践行，是对自身文化及其生命力持有的坚定信心。文化是民族的血脉，是人民的精神家园。习近平总书记指出："在5000多年文明发展中孕育的中华优秀传统文化，在党和人民伟大斗争中孕育的革命文化和社会主义先进文化，积淀着中华民族最深层的精神追求，代表着中华民族独特的精神标识。""要坚持道路自信、理论自信、制度自信，最根本的还有一个文化自信"，"增强文化自觉和文化自信，是坚定道路自信、理论自信、制度自信的题中应有之义"。我们党提出坚持文化自信，一是因为博大精深的中国优秀传统文化是中国特色社会主义道路、制度和理论形成和发展的基因、命脉，是中华民族自强不息、创新发展的精神动力；二是因为社会主义精神文明、先进文化，尤其是贯穿其中的科学理论、理想信念和价值追求为中国特色社会主义发展指引着前进方向、提供着精神动力。离开文化自信，所谓道路自信、理论自信和制度自信就会失去精神基础和文化滋养。

(三) 坚持“四个自信”的地位作用

坚持中国特色社会主义道路自信、理论自信、制度自信、文化自信是一个有机的统一体，它们共同构成了中国特色社会主义存在与发展的内在逻辑，体现了中国共产党对坚持和发展中国特色社会主义、推进党和国家事业发展的坚定信念和坚强信心。

那么，“四个自信”在坚持和发展中国特色社会主义、推进党和国家事业发展过程中究竟有哪些重要地位和作用呢？

首先，道路自信是“四个自信”的根本前提。道路决定命运，道路决定前途。改革开放之后，我们党首先提出要找到一条适合中国国情的发展道路。邓小平同志在党的十二大开幕词中指出：“把马克思主义的普遍真理同我国的具体实际结合起来，走自己的道路，建设有中国特色的社会主义，这就是我们总结长期历史经验得出的基本结论。”中国特色社会主义道路是在新中国成立后党的第一代中央领导集体艰辛探索的基础上，经过改革开放实践不断探索而逐步创立的，实践证明这是一条发展中国特色社会主义和实现中华民族伟大复兴中国梦的必由之路。道路自信为理论自信、制度自信和文化自信奠定坚实的实践基础，离开道路自信，理论自信、制度自信和文化自信就成了无源之水和无本之木。

其次，理论自信是“四个自信”的方向引领。理论就是灯塔，理论就是旗帜。毛泽东同志早就说过：“主义譬如一面旗子，旗子立起来了，大家才有所指望，才知所趋赴。”中国特色社会主义理论体系是在推进中国特色社会主义伟大实践过程中创立的，理论体系形成后又反过来指导中国特色社会主义伟大实践。改革开放40多年的实践证明，中国特色社会主义理论体系是指导党和人民沿着中国特色社会主义道路实现中华民族伟大复兴的正确理论，是立足时代前沿、与时俱进的科学理论。中国特色社会主义理论体系为中国特色社会主义实践提供理论指导，坚持理论自信是坚持道路自信、制度自信和文化自信的思想引领和行动指南。

再次，制度自信是“四个自信”的可靠保障。中国特色社会主义制度是当代中国发展进步的根本制度保障，它包括人民代表大会制度的根本政治制度，中国共产党领导的多党合作和政治协商制度、民族区域自治制度以及基层群众自治制度等基本政治制度，中国特色社会主义法律体系，公有制为主体、多种所有制经济共同发展的基本经济制度，以及建立在这些制度基础上的经济体制、政治体制、文化体制、社会体制等各项具体制度。制度自信在“四个自信”中发挥着政治保障作用，它为道路自信、理论自信和文化自信提供坚实的体制依托和制度保障。

最后，文化自信是“四个自信”的精神支撑。增强文化自党和文化自信，是坚定道路自信、理论自信、制度自信的题中应有之义，因为坚定的道路自信、理论自信、制度自信，其本质是建立在文化自信基础上的，习近平总书记指出：“坚定中国特色社会主义道路自信、理论自信、制度自信，说到底是要坚定文化自信”，“文化自信，是更基础、更广泛、更深厚的自信”。文化自信在“四个自信”中发挥着基础底蕴作用，它为道路自信、理论自信和制度自信提供坚实的文化基础和雄厚的精神支撑。

(四) 新时代坚持“四个自信”的根本要求

中国特色社会主义道路自信、理论自信、制度自信和文化自信是一个有机整体。中国特色社会主义道路是实现途径，中国特色社会主义理论体系是行动指南，中国特色社会主义制度是根本保障，中国特色社会主义先进文化是精神旗帜，它们共同统一于中国特色社会主义伟大实践。

习近平总书记在纪念中国共产党成立 95 周年大会上的讲话中对坚持“四个自信”的基本内涵和根本要求作过重要论述。根据习近平总书记的论述，我们可以把新时代坚持“四个自信”的基本要求概括为如下几点：

坚持道路自信，最根本的一条就是要坚信：中国特色社会主义道路是实现社会主义现代化的必由之路，是创造人民美好生活的必由之路。只有毫不动摇地坚持和发展中国特色社会主义道路，才能不断推进党和人民事业始终沿着正确方向前进，才能实现“两个一百年”奋斗目标和实现中华民族伟大复兴的中国梦。

坚持理论自信，最根本的一条就是要坚信：中国特色社会主义理论体系是指导党和人民沿着中国特色社会主义道路实现中华民族伟大复兴的正确理论，是立于时代前沿、与时俱进的科学理论。只有始终不渝地坚持和发展中国特色社会主义理论体系，才能不断推进马克思主义中国化的伟大历程，确保党和人民事业始终沿着正确航向奋勇前进。

坚持制度自信，最根本的一条就是要坚信：中国特色社会主义制度是当代中国发展进步的根本制度保障，是具有鲜明中国特色、明显制度优势、强大自我完善能力的先进制度。只有毫不动摇地坚持和发展中国特色社会主义制度，才能不断发挥好社会主义制度的优越性，为确保党和人民事业不断发展、为实现“两个一百年”奋斗目标提供坚强制度保障。

坚持文化自信，最根本的一条就是要坚信：中国特色社会主义先进文化是面向现代化、面向世界、面向未来的，民族的科学的大众的社会主义文化。只有通过大力弘扬社会主义核心价值观，弘扬以爱国主义为核心的民族精神和以改革创新为核心的时代精神，才能不断增强全党全国各族人民的精神力量，为全面建成小康社会、实现中华民族伟大复兴的中国梦提供强大精神支撑。

如何理解我们党对“五位一体”总体布局和“四个全面”战略布局的认识过程？

中国特色社会主义是一篇“大文章”，推进中国特色社会主义事业是一个“大战略”。统筹推进“五位一体”总体布局和协调推进“四个全面”战略布局是党中央适应我国发展新要求、站在时代前沿作出的重大战略运筹。

“五位一体”总体布局和“四个全面”战略布局，不是相互割裂、相互孤立的，而是相互联系、相互支撑的有机整体，统一于坚持和发展中国特色社会主义的宏伟蓝图，统一于国家由大向强发展关键阶段的历史进程，统一于党中央治国理政的战略设计。

党的十九大报告在总结过去五年成就时明确指出：“五年来，我们统筹推进‘五位一体’总体布局、协调推进‘四个全面’战略布局，‘十二五’规划胜利完成，‘十三五’规划顺利实施，党和国家事业全面开创新局面。”习近平新时代中国特色社会主义思想中“八个明确”的内容之一也是“明确中国特色社会主义事业总体布局是‘五位一体’、战略布局是‘四个全面’”。

中国共产党对中国特色社会主义“五位一体”总体布局和“四个全面”战略布局的认识都经历了一个逐步深化、日趋完善的过程，这个过程体现了我们党对共产党执政规律、社会主义建设规律和人类社会发展规律认识的不断深化和完善。

(一) 中国共产党对“五位一体”总体布局的认识过程

中国共产党作为中国特色社会主义事业的领导核心，在对建设中国特色社会主义总体布局的认识上究竟经历了怎样一个发展过程呢？“五位一体”总体布局究竟是怎样形成的呢？

1. 从强调“两手抓”到“三位一体”

改革开放之前，我国社会主义建设的总体布局基本是与四个现代化目标联系在一起的。1978 年 12 月召开的党的十一届三中全会强调把全党工作的着重点转移到社会主义现代化建设上来，并提出实现农业、工业、国防和科学技术四个现代化是“当前最伟大的历史任务”。改革开放之初，我们党提出了社会主义物质文明和社会主义精神文明的概念，强调两个文明一起抓，两手都要硬，只有两个文明都搞好才是有中国特色的社会主义。

1982 年 9 月，在党的十二大开幕词中，邓小平同志第一次提出了“建设有中国特色的社会主义”的重要命题。党的十二大要求全党必须大力推进社会主义物质文明建设和精神文明建设，同时又强调“社会主义的物质文明和精神文明建设，都要靠继续发展社会主义民主来保证和支持。建设高度的社会主义民主，是我们的根本目标和根本任务之一”。从这里可以看出，党的十二大已经初步具有了把中国特色社会主义建设布局勾画为社会主义物质文明、精神文明和社会主义民主“三位一体”的雏形。

正式提出“社会主义现代化建设总体布局”并明确提出“三位一体”是党的十二届六中全会。1986年党的十二届六中全会通过的《关于社会主义精神文明建设指导方针的决议》第一次明确提出:“我国社会主义现代化建设的总体布局是:以经济建设为中心,坚定不移地进行经济体制改革,坚定不移地进行政治体制改革,坚定不移地加强精神文明建设。”由此开始,经济体制改革、政治体制改革、精神文明建设便成为我国社会主义现代化建设的总体布局。第二年召开的党的十三大确定了党在社会主义初级阶段的基本路线,把“富强、民主、文明”确立为中国特色社会主义经济、政治、文化现代化“三位一体”的战略目标。

2. 从“三位一体”到“四位一体”

1989年党的十三届四中全会之后,以江泽民同志为核心的第三代中央领导集体明确提出了党在社会主义初级阶段的基本纲领,对建设中国特色社会主义经济、政治、文化作了新的系统性阐述。2002年党的十六大报告在讲到全面建设小康社会奋斗目标时,明确把“社会更加和谐”同“经济更加发展、民主更加健全、科教更加进步、文化更加繁荣、人民生活更加殷实”并列作为“全面建设小康社会”的奋斗目标,这无疑为“四位一体”总体布局的提出奠定了基础。

党的十六大之后,随着我国改革开放和中国特色社会主义事业的不断深入,尤其是科学发展观等重大战略思想提出之后，我们党对中国特色社会主义事业总体布局的认识也有了新的拓展。2005年2月，胡锦涛同志在省部级主要领导干部提高构建社会主义和谐社会能力专题研讨班上明确指出："随着我国经济社会的不断发展，中国特色社会主义事业的总体布局，更加明确地由社会主义经济建设、政治建设、文化建设三位一体发展为社会主义经济建设、政治建设、文化建设、社会建设四位一体。"他还同时指出，构建社会主义和谐社会同建设社会主义物质文明、政治文明、精神文明既有不可分割的紧密联系，又有各自的特殊领域和规律，是有机的统一体。自此之后，中国特色社会主义事业"四位一体"的总体布局成为全党共识。

2006年党的十六届六中全会通过的《关于构建社会主义和谐社会若干重大问题的决定》将我国社会主义现代化战略目标由"三位一体"拓展为"四位一体"，明确提出了"为把我国建设成为富强民主文明和谐的社会主义现代化国家而奋斗"的命题。党的十七大报告在论述中国特色社会主义道路和中国特色社会主义建设目标时，都是以"四位一体"为依据的。党的十七大报告指出："中国特色社会主义道路，就是在中国共产党领导下，立足基本国情，以经济建设为中心，坚持四项基本原则，坚持改革开放，解放和发展社会生产力，巩固和完善社会主义制度，建设社会主义市场经济、社会主义民主政治、社会主义先进文化、社会主义和谐社会，建设富强民主文明和谐的社会主义现代化国家。""坚持中国特色社会主义经济建设、政治建设、文化建设、社会建设的基本目标和基本政策构成的基本纲领。"

3. 从“四位一体”到“五位一体”

党的十七大报告在论述实现全面建设小康社会战略目标新要求时，在强调加强经济建设、政治建设、文化建设、社会建设的同时，又提出了“建设生态文明”的新要求，但是并没有把生态文明建设提到与经济建设、政治建设、文化建设、社会建设并列为“五位一体”的战略高度。2010 年 10 月召开的党的十七届五中全会通过了《中共中央关于制定国民经济和社会发展第十二个五年规划的建议》，《建议》对中国特色社会主义总体布局用了“社会主义经济建设、政治建设、文化建设、社会建设以及生态文明建设”的表述。2011 年党的十七届六中全会通过的《中共中央关于深化文化体制改革、推动社会主义文化大发展大繁荣若干重大问题的决定》也强调要“进一步推动文化建设与经济建设、政治建设、社会建设以及生态文明建设协调发展”。所有这些都为“五位一体”战略思想的形成奠定了基础。

2012 年 11 月，党的十八大第一次把生态文明建设与经济建设、政治建设、文化建设、社会建设并列，共同构成了中国特色社会主义事业“五位一体”总体布局。党的十八大报告强调，建设中国特色社会主义，总体布局是“五位一体”，必须把生态文明建设放在突出地位，融入经济建设、政治建设、文化建设、社会建设各方面和全过程，努力建设美丽中国，实现中华民族永续发展。党的十八大关于中国特色社会主义事业“五位一体”总体布局战略思想的提出，标志着我们党对中国特色社会主义建设规律的认识提高到了一个新境界。

（二）中国共产党对“四个全面”战略布局的认识过程

2015 年 2 月 2 日，习近平总书记在省部级主要领导干部学习贯彻党的十八届四中全会精神全面推进依法治国专题研讨班开班式上的讲话中指出：“党的十八大以来，党中央从坚持和发展中国特色社会主义全局出发，提出并形成了全面建成小康社会、全面深化改革、全面依法治国、全面从严治党的战略布局。”

习近平总书记提出的“四个全面”战略布局，适应了时代发展和当今中国社会进步的内在需要，体现了加快发展中国特色社会主义的新要求。正像习近平总书记所指出的那样，“四个全面”的战略布局是从我国发展现实需要中得出来的，从人民群众的热切期待中得出来的，也是为推动解决我们面临的突出矛盾和问题提出来的。

从国际背景来看，当今世界正在发生深刻而复杂的变化，和平与发展仍然是时代主题。求和平、谋发展、促合作已经成为不可阻挡的时代潮流。当今世界发生的广泛而深刻的变化，对当代中国的发展既提供了难得的机遇，也提出了严峻的挑战。从国内情况看，经过新中国成立以来尤其是改革开放以来的快速发展，我国生产力水平和综合国力显著提高，人民生活水平和社会保障水平显著提高，国际地位和国际影响力显著提高。但是，我国仍处于并将长期处于社会主义初级阶段这个基本国情并没有变，我国是世界最大发展中国家的国际地位没有变。在新的历史条件下党面临着复杂而严峻的执政考验、改革开放考验、市场经济考验和外部环境考验，精神懈怠、能力不足、脱离群众、消极腐败“四种危险”更加尖锐地摆在全党面前。正是在这样的时代背景和社会发展要求下，习近平总书记紧密结合时代特征和我国基本国情，适应广大人民群众的新期盼，站在发展中国特色社会主义和实现中华民族伟大复兴中国梦的高度，提出了“四个全面”战略布局，规划了党中央在新的历史条件下治国理政新的战略目标、战略重点和战略举措。

我们党在领导中国特色社会主义伟大事业过程中，除了对中国特色社会主义现代化建设“总体布局”的认识之外，在不同历史时期还对自身治国理政工作的战略重点进行概括。比如改革开放之后，作为我国改革开放总设计师的邓小平同志就提出了“一个中心、两个基本点”，即以经济建设为中心，坚持四项基本原则，坚持改革开放的战略布局。邓小平指出：“十三大确定了‘一个中心、两个基本点’的战略布局。我们十年前就是这样提出的，十三大用这个语言把它概括起来。这个战略布局我们一定要坚持下去，永远不改变。”邓小平在这里讲的“战略布局”就是从执政主体角度即党治国理政应把握的战略重点角度来讲的，邓小平要求全党要始终如一地把握好“一个中心、两个基本点”的战略布局。

和邓小平当年概括“一个中心、两个基本点”一样，习近平总书记提出“四个全面”也是从党中央治国理政的角度概括出来的战略布局。“四个全面”战略布局的提出，体现了以习近平同志为核心的党中央在新的历史条件下治国理政的战略目标、战略重点和战略举措。

我们党提出“四个全面”战略布局经历了一个过程，这个过程体现了党在治国理政过程中对战略目标、战略重点和战略举措认识的不断深化。

2002年召开的党的十六大第一次提出“全面建设惠及十几亿人口的更高水平的小康社会”，即“一个全面”。2007年召开的党的十七大重申了“一个全面”战略目标，并且明确提出全面建成小康社会；2012年召开的党的十八大提出了全面建成小康社会和全面深化改革开放的目标；2013年召开的党的十八届三中全会明确提出“全面深化改革”，至此“一个全面”发展成了“两个全面”。2014年召开的党的十八届四中全会提出了“全面推进依法治国”，这样，“两个全面”又扩展为“三个全面”。2014年12月14日，习近平总书记在江苏考察调研时提出要“协调推进全面建成小康社会、全面深化改革、全面推进依法治国、全面从严治党”，第一次把“三个全面”扩展为“四个全面”。2015年2月2日，习近平总书记在省部级主要领导干部学习贯彻十八届四中全会精神全面推进依法治国专题研讨班开班式上，第一次把这“四个全面”定位为党中央的战略布局。

全面建成小康社会、全面深化改革、全面依法治国、全面从严治党这“四个全面”是一个有机联系的整体，每个“全面”都有其特定的科学内涵和重大战略意义。

“全面建成小康社会”是党中央提出的我国“三步走”发展战略的重要步骤。党的十八大适应国内外形势的新变化，在十六大、十七大确立的全面建设小康社会目标的基础上提出了新要求，强调要“确保到2020年实现全面建成小康社会宏伟目标”，即经济持续健康发展，人民民主不断扩大，文化软实力显著增强，人民生活水平全面提高，资源节约型、环境友好型社会建设取得重大进展，同时强调要确保全面建成的小康社会，是发展改革成果真正惠及十几亿人口的小康社会，是经济、政治、文化、社会、生态文明全面发展的小康社会，是为实现社会主义现代化建设宏伟目标和中华民族伟大复兴奠定了坚实基础的小康社会。

“全面深化改革”是党的十八届三中全会作出的重要部署。2013 年 11 月召开的党的十八届三中全会审议通过了《中共中央关于全面深化改革若干重大问题的决定》，对全面深化改革作出了整体规划和全面部署。党的十八届三中全会强调指出，改革开放是决定当代中国命运的关键抉择，是党和人民事业大踏步赶上时代的重要法宝。全面深化改革的总目标是完善和发展中国特色社会主义制度，推进国家治理体系和治理能力现代化。

“全面依法治国”是党的十八届四中全会作出的重要部署。2014 年 10 月召开的党的十八届四中全会审议通过了《中共中央关于全面推进依法治国若干重大问题的决定》，对全面推进依法治国、建设社会主义法治国家作出了整体规划和全面部署。党的十八届四中全会强调指出，依法治国是坚持和发展中国特色社会主义的本质要求和重要保障，是实现国家治理体系和治理能力现代化的必然要求。党的十八届四中全会对全面推进依法治国的指导思想、原则任务等进行了具体部署。

“全面从严治党”是 2014 年 10 月 8 日习近平总书记在

党的群众路线教育实践活动总结大会上的讲话中提出的战略部署，习近平总书记在讲话的开篇就明确提出了“全面推进从严治党”的重大命题。结合党的建设的实际，习近平总书记还提出了“新形势下坚持从严治党”八个方面的任务要求，即落实从严治党责任、坚持思想建党和制度治党紧密结合、严肃党内政治生活、坚持从严管理干部、持续深入改进作风、严明党的纪律、发挥人民监督作用、深入把握从严治党规律。

“四个全面”战略布局是一个具有内在逻辑联系的整体。在这个整体中，全面建成小康社会是战略目标，全面深化改革、全面依法治国、全面从严治党是战略举措。“四个全面”统一于中国特色社会主义现代化建设全过程，统一于实现中华民族伟大复兴中国梦全过程。

首先，全面建成小康社会是战略目标。无论是全面深化改革、全面依法治国还是全面从严治党，都要有一个统一的奋斗目标来统领，这个奋斗目标就是全面建成小康社会，并在此基础上继续建设富强民主文明和谐美丽的社会主义现代化强国。无论是全面深化改革、全面依法治国，还是全面从严治党，其目的都是为了实现全面建成小康社会和富强民主文明和谐美丽的社会主义现代化强国这一战略目标。

其次，全面深化改革和全面依法治国是并驾齐驱的“鸟之两翼”。习近平总书记在2015年新年贺词中说过：“我们要让全面深化改革、全面推进依法治国如鸟之两翼、车之双轮，推动全面建成小康社会的目标如期实现。”这个形象的比喻清楚地说明了全面深化改革和全面依法治国在“四个全面”战略布局中的重要地位和作用。改革开放是决定当代中国命运的关键抉择，也是推进全面建成小康社会、全面依法治国和全面从严治党的强大动力；全面依法治国作为党中央治国理政的基本方略，是解决党和国家事业发展面临的一系列重大问题，确保全面深化改革和全面从严治党顺利进行，确保党和国家长治久安的根本要求。

最后，全面从严治党是重要保障。中国共产党是中国特色社会主义事业的领导核心，没有党的坚强领导就根本不可能实现全面建成小康社会目标；只有加强党的领导、全面从严治党，才能确保改革开放事业的正确方向；全面推进依法治国同样需要全面推进从严治党，因为“党的领导和社会主义法治是一致的，社会主义法治必须坚持党的领导，党的领导必须依靠社会主义法治”。

为什么说新发展理念是中国共产党对我国发展规律的新认识?

1992年初,我国改革开放的总设计师邓小平同志在南方谈话中明确提出了“发展才是硬道理”重要论断。2015年,在党的十八届五中全会上,习近平总书记强调指出:发展理念是发展行动的先导,是管全局、管根本、管方向、管长远的东西。

党的十八届五中全会提出的“创新、协调、绿色、开放、共享”新发展理念,为我国“十三五”乃至今后更长时期的发展指明了方向。习近平总书记指出:“五大发展理念,是‘十三五’乃至更长时期我国发展思路、发展方向、发展着力点的集中体现,也是改革开放30多年来我国发展经验的集中体现,反映出我们党对我国发展规律的新认识。”新发展理念是我们党认识和把握人类社会发展规律和中国特色社会主义建设规律的一次新飞跃,是对中国共产党发展理论的一次重大升华。

(一)中国共产党发展理论的与时俱进过程

马克思主义发展观从世界普遍联系和永恒发展的基本观点出发,把社会看作是一个有机联系和发展的整体,认为社会发展是社会基本矛盾运动的结果，有其内在的客观规律性，人的发展是社会发展的核心，人的全面发展是社会主义共产主义社会的最高目标。马克思主义发展观为当代中国共产党人的发展理论提供了科学的理论基础和思想源泉。

中国共产党的发展理论是以马克思主义发展观为理论基础的。从总体上看，中国共产党几代领导集体的发展理论是一脉相承的，但由于社会历史条件和面临的历史任务不同，党在不同时期所形成的发展理论也呈现出不同的具体内容和特点。

以毛泽东为核心的党的第一代中央领导集体，创造性地解决了新民主主义革命如何发展和成功的问题，为中国革命找到了一条正确道路。新中国成立后，以毛泽东为代表的中国共产党人开始了对社会主义建设道路的艰辛探索并取得了一系列重大成果。在领导中国革命和建设的过程中，毛泽东形成了具有鲜明中国特色的中国化马克思主义发展观。关于发展的主题，毛泽东认为发展就是新事物不断产生和旧事物不断灭亡的过程，“人类总是不断发展的，自然界也总是不断发展的，永远不会停止在一个水平上”。关于发展的动因，毛泽东指出：“事物发展的根本原因，不是在事物的外部而是在事物的内部，在于事物内部的矛盾性。任何事物内部都有这种矛盾性，因此引起了事物的运动和发展。”这是毛泽东关于矛盾是事物发展动力的重要论述。关于发展的主体，毛泽东认为“人民，只有人民，才是创造世界历史的动力”，人民群众是社会发展的主体，发展的目的也是为了人民，正因为如此，所以毛泽东反复强调要“全心全意为人民服务”。关于发展的目标，毛泽东提出了“把我国建设成为一个强大的社会主义国家”的奋斗目标，并在此基础上提出了“两步走”的发展战略。

党的十一届三中全会以来，以邓小平为核心的党的第二代中央领导集体结合我国社会主义现代化建设新的实践，提出了以改革开放为核心内容的新的发展观。关于为什么要发展，邓小平认为：“中国解决所有问题的关键是要靠自己的发展”，“贫穷不是社会主义，发展太慢也不是社会主义”，“经济长期处于停滞状态总不能叫社会主义”，因此“发展是硬道理”。关于发展什么，邓小平认为，“首先要使生产力发展”，“解放和发展生产力”，“关键是发展经济”。关于怎样发展，邓小平认为，发展需要“摸着石头过河”，“波浪式前进”，“隔几年上一个新台阶”，必须坚持“两手抓，两手都要硬”的方针。关于发展的标准，邓小平认为：“判断的标准，应该主要看是否有利于发展社会主义社会的生产力，是否有利于增强社会主义国家的综合国力，是否有利于提高人民的生活水平。”

以江泽民为核心的党的第三代中央领导集体在继承马克思主义发展观和毛泽东、邓小平发展思想的基础上，紧密结合我国改革开放和现代化建设新的实际形成了以“三个代表”重要思想为核心理念的一系列新的发展观点。在发展的内容目标上，强调要始终代表中国先进生产力的发展要求，始终代表中国先进文化的前进方向，始终代表中国最广大人民的根本利益。在发展的指导思想上，强调把发展作为党执政兴国的第一要务，始终用发展的办法解决前进中的问题，坚持社会全面发展与人的全面发展的辩证统一。在发展的基本思路上，强调以结构调整为主线，以改革开放和科技进步为动力，以提高人民生活水平为根本出发点，全面推进经济发展和社会进步。在发展的战略方针上，强调坚持生产发展、生活富裕、生态良好的文明发展道路，作出了全面实施科教兴国战略、可持续发展战略、西部大开发战略等科学决策。

进入21世纪之后，以胡锦涛为总书记的党中央紧紧围绕"实现什么样的发展，怎样发展"这个基本问题，深刻分析和把握新时期新阶段我国社会发展的阶段性特征，继承和发展了党的三代中央领导集体关于发展的重要思想，明确提出了科学发展观，强调"科学发展观，第一要义是发展，核心是以人为本，基本要求是全面协调可持续，根本方法是统筹兼顾"。科学发展观是马克思主义关于发展的世界观和方法论的集中体现，是我国经济社会发展的重要指导思想。

党的十八大以来，以习近平同志为核心的党中央紧紧围绕发展中国特色社会主义主线，着眼新的发展实践，深入推进党的理论创新，在发展目标、发展动力、发展布局、发展保障等方面形成了一系列新理念新思想新战略，尤其是"创新、协调、绿色、开放、共享"新发展理念的提出，充分体现了以习近平同志为核心的党中央对我国新的发展阶段基本特征的深刻洞悉，体现了对社会主义本质要求和发展方向的科学把握，标志着我们党对经济社会发展规律的认识又达到了一个新高度。正如习近平总书记所说的那样："提出创新、协调、绿色、开放、共享的发展理念，在理论和实践上有新的突破，对破解发展难题、增强发展动力、厚植发展优势具有重大指导意义。”

(二)新发展理念把党的发展理论提升到了一个新境界

发展理念是发展行动的引领。发展理念正确,发展行动就有遵循、有目标、有方向;发展理念错误,行动也必然会随之出现失误。新发展理念从多个方面丰富和发展了马克思主义发展观,把中国共产党关于发展的理论提升到了一个新的境界。具体来说,新发展理念对马克思主义发展观尤其是对我们党的发展理论的丰富和发展主要体现在以下几个方面:

一是丰富了发展内涵。发展是人类社会进步的永恒主题。但是,由于社会发展的历史阶段不同,发展的具体内涵也大有不同。我们党在革命、建设和改革各个历史时期的发展目标、发展环境、发展战略和发展手段等还是有区别的。党的十八届五中全会依据“我国发展仍处于可以大有作为的重要战略机遇期,也面临诸多矛盾叠加、风险隐患增多的严峻挑战”这一基本特征,明确提出了创新发展、协调发展、绿色发展、开放发展、共享发展“五大发展理念”,使发展的具体内涵得到了丰富和充实。关于创新发展,全会强调把创新摆在国家发展全局的核心位置,不断推进理论创新、制度创新、科技创新、文化创新等各方面创新;关于协调发展,强调必须牢牢把握中国特色社会主义事业总体布局,正确处理发展中的重大关系,不断增强发展的整体性;关于绿色发展,强调必须坚持节约资源和保护环境的基本国策，坚持可持续发展，坚定走生产发展、生活富裕、生态良好的文明发展道路，形成人与自然和谐发展现代化建设新格局；关于开放发展，强调必须顺应我国经济深度融入世界经济的趋势，奉行互利共赢的开放战略，构建广泛的利益共同体；关于共享发展，强调必须坚持发展为了人民、发展依靠人民、发展成果由人民共享，使全体人民在共建共享发展中有更多获得感。新发展理念体现了当代中国共产党人关于发展问题的世界观和方法论，是马克思主义发展理论在当代中国的具体体现和高度凝练。

二是充实了发展内容。长期以来，我们党在领导革命、建设和改革，推进社会发展的过程中逐步形成和完善了中国化马克思主义发展观。从毛泽东当年强调“人类总是不断发展的”“新陈代谢是宇宙间普遍的永远不可抵抗的规律”，到邓小平强调“发展才是硬道理”“抓住时机，发展自己”，再到后来江泽民、胡锦涛等党的领导人提出“发展是党执政兴国的第一要务”“发展是解决中国一切问题的‘总钥匙’”“第一要义是发展”“核心是以人为本”等等，都充分体现了党的历代领导对发展问题的高度重视，体现了中国共产党人发展观的丰富内涵。党的十八届五中全会在继承发展历代中央领导集体关于发展理论的基础上，明确提出“五大发展理念”，把发展内容充实为“创新、协调、绿色、开放、共享”，强调创新发展、协调发展、绿色发展、开放发展、共享发展，这是对中国共产党发展理论具体内容的丰富和发展。

三是指明了发展方向。习近平总书记指出，新发展理念是“我国发展思路、发展方向、发展着力点的集中体现”。那么，新发展理念究竟从哪些方面体现了“发展方向”呢？首先，新发展理念的具体内容体现了我国“十三五”乃至今后更长时期的发展方向和发展重点。创新发展、协调发展、绿色发展、开放发展、共享发展是根据我国当前发展环境的基本特征概括出来的，体现了当代中国发展的基本要求，从发展动力、发展方式、发展环境、发展布局、发展目的等方面为当代中国的发展指明了方向，对推进我国社会整体发展具有重要的战略指导意义。其次，党的十八届五中全会在提出新发展理念的同时，还提出了推进我国经济社会持续健康发展所必须遵循的六大原则，即坚持人民主体地位、坚持科学发展、坚持深化改革、坚持依法治国、坚持统筹国内国际两个大局、坚持党的领导。这六大原则既指明了新发展理念所聚焦的发展方向，又为我国如期实现全面建成小康社会奋斗目标、推动我国经济社会持续健康发展提供了可靠保障。

四是强调了发展重点。任何发展都不是单一的、零散的，而是一个多系统、多维度的有机发展整体。当前我国的发展仍处于可以大有作为的重要战略机遇期，同时也面临诸多矛盾叠加、风险隐患增多的严峻挑战。在这样一个机遇和挑战并存的重要历史关头，我国的发展任务更加繁重，发展过程更加复杂，发展难题更加突出。这就要求我们必须进一步明确发展重点，找准发展的“突破口”，有序推进各项发展任务的顺利完成。正是适应这一发展要求，党的十八届五中全会明确提出了创新发展、协调发展、绿色发展、开放发展、共享发展五大发展理念，要求以新的发展理念推动发展实践，并在此基础上提出了一些具有标志性的重大战略、重大工程和重大举措。“创新、协调、绿色、开放、共享”新发展理念的提出，为全党和全国人民明确了“十三五”期间乃至今后更长时期的发展方向和发展重点，为我们进一步找准当前和今后我国发展的“着力点”和“突破口”提供了科学的理论指导和行动指南。

五是明确了发展目的。把“共享”作为“新发展理念”之一，非常鲜明地体现了中国共产党发展观的指向性和目的性。强调“共享”发展，不仅体现了我们党坚持了马克思主义历史唯物论关于人民群众是历史创造者的基本原理，而且也体现了我们党全心全意为人民服务的根本宗旨和推动经济社会发展的根本目的。党的十八届五中全会通过的《中共中央关于制定国民经济和社会发展第十三个五年规划的建议》明确强调，人民是推动发展的根本力量，实现好、维护好、发展好最广大人民根本利益是发展的根本目的。必须坚持以人民为中心的发展思想，把增进人民福祉、促进人的全面发展作为发展的出发点和落脚点。“共享”二字非常鲜明地体现了社会主义的发展目的和发展目标，也体现了社会主义的本质要求，中国共产党人所强调的发展，必须坚持发展为了人民、发展依靠人民、发展成果由人民共享，不断使人民群众得到更多的实惠，使全体人民朝着共同富裕的方向稳步前进，要确保人民创造的财富不能由少数人去“独享”，更不能让少数既得利益者去“独占”，而必须由人民来共享，使全体人民在共建共享发展中有更多获得感、受益感。

六是强化了发展动力。新发展理念把“创新发展”放到第一位，党的十八届五中全会强调“创新是引领发展的第一动力”，要求“必须把创新摆在国家发展全局的核心位置，不断推进理论创新、制度创新、科技创新、文化创新等各方面创新，让创新贯穿党和国家一切工作，让创新在全社会蔚然成风”。这是我们党的全会第一次把创新提到“发展的第一动力”并“摆在国家发展全局的核心位置”这样的高度。强调创新发展对我国尽快形成国际竞争新优势、增强发展的长期动力具有重要意义。党的十八届五中全会通过的《中共中央关于制定国民经济和社会发展第十三个五年规划的建议》强调指出：“在国际发展竞争日趋激烈和我国发展动力转换的形势下，必须把发展基点放在创新上，形成促进创新的体制架构，塑造更多依靠创新驱动、更多发挥先发优势的引领型发展。”改革开放 40 多年来，我国经济快速发展主要源于发挥了劳动力和资源环境的低成本优势。进入发展新阶段，我国在国际上的低成本优势逐渐消失，只有把发展基点放到创新上，大力实施创新驱动发展战略，才能不断加快实现由低成本优势向创新优势的转换，进而为我国持续发展提供强大的内在动力。

总之，新发展理念作为“管全局、管根本、管方向、管长远的东西”，是我国“十三五”乃至更长时期我国发展思路、发展方向、发展着力点的集中体现，是中国化马克思主义发展观的最新成果，是中国共产党发展理论的又一次重要升华，对推进“四个全面”战略布局、实现“两个一百年”奋斗目标和中华民族伟大复兴的中国梦具有重大战略指导意义。

如何正确认识改革开放的重要地位与作用?

改革开放40多年来,从开启新时期到跨入新世纪,从站上新起点到进入新时代,40多年风雨同舟,40多年披荆斩棘,40多年砥砺奋进,我们党引领人民绘就了一幅波澜壮阔、气势恢宏的历史画卷,谱写了一曲感天动地、气壮山河的奋斗赞歌。

改革开放是我们党的一次伟大觉醒,正是这个伟大觉醒孕育了我们党从理论到实践的伟大创造。改革开放是中国人民和中华民族发展史上一次伟大革命,正是这个伟大革命推动了中国特色社会主义事业的伟大飞跃。

习近平总书记在庆祝改革开放40周年大会上的讲话中指出:“40年波澜壮阔历程充分证明,改革开放是党和人民大踏步赶上时代的重要法宝,是坚持和发展中国特色社会主义的必由之路,是决定当代中国命运的关键一招,也是决定实现‘两个一百年’奋斗目标、实现中华民族伟大复兴的关键一招。”认真学习和把握习近平总书记关于改革开放重要地位和作用的重要论述,对推进新时代改革开放和中国特色社会主义事业发展、实现中华民族伟大复兴的中国梦,具有重要的现实意义和深远的历史意义。

(一) 改革开放是中华民族发展史上一次伟大革命

“物不因不生,不革不成。”改革开放在中华民族发展史上占有十分重要的历史地位。习近平总书记指出:“建立中国共产党、成立中华人民共和国、推进改革开放和中国特色社会主义事业,是五四运动以来我国发生的三大历史性事件,是近代以来实现中华民族伟大复兴的三大里程碑。”

我们党领导的革命、建设、改革伟大实践,是一个接续奋斗的历史过程,是一项救国、兴国、强国,进而实现中华民族伟大复兴的完整事业。在中国共产党和中华民族发展史上,以毛泽东同志为主要代表的中国共产党人,把马克思列宁主义基本原理同中国革命具体实践结合起来,先后完成了建立和发展中国共产党、成立中华人民共和国的伟大历史使命;党的十一届三中全会以后,以邓小平同志为主要代表的中国共产党人,及时作出把党和国家工作中心转移到经济建设上来、实行改革开放的历史性决策,成功开创了中国特色社会主义;党的十三届四中全会以后,以江泽民同志为主要代表的中国共产党人,开创了全面改革开放新局面,成功把中国特色社会主义推向 21 世纪;党的十六大以后,以胡锦涛同志为主要代表的中国共产党人,抓住重要战略机遇期,在新的历史起点上坚持和发展了中国特色社会主义。

党的十八大以来,以习近平同志为核心的党中央团结带领全党全国各族人民,全面审视国际国内新的形势,深刻回答了新时代坚持和发展什么样的中国特色社会主义、怎样坚持和发展中国特色社会主义这个重大时代课题,形成了习近平新时代中国特色社会主义思想,推动党和国家事业发生历史性变革、取得历史性成就,使中国特色社会主义进入了新时代。

古人曰:穷则变,变则通,通则久。改革开放是中国的第二次革命。这种革命虽然不是一个阶级推翻另一个阶级的政治革命,但却是社会主义制度的自我完善和发展。社会主义优于资本主义的根本原因,是社会主义以公有制为主体的生产关系和与之相适应的上层建筑,从总体上基本适应了社会化大生产中先进生产力的发展要求。但是,处于不同历史发展阶段上的社会主义生产关系和上层建筑,对于不断发展的生产力,仍然会形成某些不相适应的方面和环节,对此必须通过改革加以调整和变革,使之更加适应和促进生产力的发展。由此看来,改革是不断创新充满生机和活力的社会主义新体制和新机制的必然要求。当今世界是开放的世界,中国的发展离不开世界。开放与改革是密不可分的,实行对外开放是发展中国特色社会主义的必然条件,也是解放和发展社会生产力、不断创新充满生机和活力的社会主义新体制和新机制的必然要求。

(二) 改革开放是党和人民大踏步赶上时代的重要法宝

古人云:终日乾乾,与时偕行。只有社会主义才能救中国,只有改革开放才能发展中国,发展社会主义、发展马克思主义。

我们党作出实行改革开放的历史性决策，是基于对党和国家前途命运的深刻把握，是基于对社会主义革命和建设实践的深刻总结，是基于对时代潮流的深刻洞察，是基于对人民群众期盼和需要的深刻体悟。改革开放是我们党的一次伟大觉醒，正是这个伟大觉醒孕育了我们党从理论到实践的伟大创造。

改革开放是推进中国特色社会主义事业不断发展的内在动力。中国共产党人从中国仍处于并将长期处于社会主义初级阶段这一基本国情出发，通过体制改革，将市场经济与社会主义联系在一起，为生产力的发展提供了强大动力；通过对外开放，把中国的发展与世界的发展联系在一起，为生产力的发展开拓出广阔空间。改革开放赋予中国特色社会主义旺盛的生命力。

改革开放使中国特色社会主义充满生机活力。40多年来，我们始终坚持解放思想、实事求是、与时俱进、求真务实，勇敢推进理论创新、实践创新、制度创新、文化创新以及各方面创新，不断赋予中国特色社会主义以鲜明的实践特色、理论特色、民族特色、时代特色，形成了中国特色社会主义道路、理论、制度、文化，以不可辩驳的事实彰显了科学社会主义在当代中国的鲜活生命力，使社会主义在中国大地上焕发出蓬勃的生机与旺盛的活力。

改革开放还极大地调动了广大人民群众的积极性和创造性。改革开放以来，我们党把最广大人民的根本利益作为制定和执行各项方针政策的出发点和落脚点，使改革开放得到了广大人民群众的拥护和支持，也给广大人民群众带来了巨大实惠。40多年来，中国人民始终与时俱进、一往无前，充分显示了磅礴无比的中国力量。中国人民敢闯敢试、敢为人先，积极性、主动性、创造性空前高涨，充分显示了近14亿中国人民作为国家主人推动历史前进的强大力量。

改革开放极大地增强了中国特色社会主义的综合国力。40多年来，我们始终坚持以经济建设为中心，不断解放和发展社会生产力，我国国内生产总值由3679亿元增长到2019年的近百万亿元。我国国内生产总值占世界生产总值的比重由改革开放之初的1.8%上升到超16%，多年来对世界经济增长贡献率超过30%。我国主要农产品产量跃居世界前列，建立了全世界最完整的现代工业体系。现在我国是世界第二大经济体、制造业第一大国、货物贸易第一大国、商品消费第二大国、外资流入第二大国，我国外汇储备连续多年位居世界第一，中国人民在富起来、强起来的征程上迈出了决定性的步伐。

(三) 改革开放是坚持和发展中国特色社会主义的必由之路

“苟利于民，不必法古；苟周于事，不必循俗。”改革开放是当代中国社会发展的主旋律，也是我们党最鲜明的旗帜。习近平总书记明确说过，我们党靠什么来振奋民心、统一思想、凝聚力量？靠什么来激发全体人民的创造精神和创造活力？靠什么来实现我国经济社会快速发展、在与资本主义竞争中赢得比较优势？靠的就是改革开放。

当年，我们党之所以作出改革开放的重大决策，主要取决于两方面的原因：一方面，从我国自身的情况看，正如我国改革开放的总设计师邓小平同志所说，"文化大革命"结束时，就整个政治局面来说，是一个混乱状态；就整个经济情况来说，实际上是处于缓慢发展和停滞状态。在这种情况下，我们必须通过改革开放，增强我国社会主义的生机活力，解放和发展社会生产力，改善人民生活。邓小平同志说得好："如果现在再不实行改革，我们的现代化事业和社会主义事业就会被葬送。"

方向决定前途，道路决定命运。改革开放 40 多年来，我们党全部理论和实践的主题是坚持和发展中国特色社会主义。中国特色社会主义道路是当代中国大踏步赶上时代、引领时代发展的康庄大道，是创造人民美好生活的必由之路；中国特色社会主义理论体系是指导党和人民沿着中国特色社会主义道路实现中华民族伟大复兴的正确理论，是立于时代前沿、与时俱进的科学理论；中国特色社会主义制度是当代中国发展进步的根本制度保障，是具有鲜明中国特色、明显制度优势、强大自我完善能力的先进制度；中国特色社会主义文化是民族的科学的大众的社会主义先进文化，是激励全党全国各族人民奋勇前进的强大精神力量。

改革开放 40 多年的实践充分证明，党的十一届三中全会以来我们党团结带领全国各族人民开辟的中国特色社会主义道路、理论、制度、文化是完全正确的，形成的党的基本理论、基本路线、基本方略是完全正确的。改革开放极大改变了中国的面貌、中华民族的面貌、中国人民的面貌、中国共产党的面貌。中华民族迎来了从站起来、富起来到强起来的伟大飞跃，中国特色社会主义迎来了从创立、发展到完善的伟大飞跃，中国人民迎来了从温饱不足到小康富裕的伟大飞跃。中华民族正以崭新姿态屹立于世界的东方。

（四）改革开放是实现中华民族伟大复兴的关键一招

改革开放是决定当代中国命运的关键一招，也是决定实现“两个一百年”奋斗目标、实现中华民族伟大复兴的关键一招。习近平总书记强调指出：“党的十九大对我国发展提出了更高的奋斗目标，形成了从全面建成小康社会到基本实现现代化、再到全面建成社会主义现代化强国的战略安排，发出了实现中华民族伟大复兴中国梦的最强音。”

40多年改革开放为实现中华民族伟大复兴奠定了坚实基础，实现“两个一百年”奋斗目标、实现中华民族伟大复兴的中国梦，仍然要靠改革开放。正如习近平总书记所指出的那样，我国过去的快速发展靠的是改革开放，未来发展也必须坚定不移依靠改革开放。正是由于我们党高高举起了改革开放这面伟大旗帜，实行了改革开放的大政方针，我们才找到了一条中国特色社会主义道路，“坚持和发展中国特色社会主义是一篇大文章，邓小平同志为它确定了基本思路和基本原则，以江泽民同志为核心的党的第三代中央领导集体、以胡锦涛同志为总书记的党中央在这篇大文章上都写下了精彩的篇章。现在，我们这一代共产党人的任务，就是继续把这篇大文章写下去”。

实践反复证明,没有改革开放,就没有中国的今天。40多年来,中华民族之所以能够在国际风云变幻中站稳脚跟,之所以能够经受住来自各个方面的一次次严峻考验,之所以能够战胜各种困难和风险,使现代化建设的航船始终沿着正确的方向破浪前进,归根结底,就在于通过改革开放使中国的社会生产力得到了大解放、大发展和大提高。改革开放是决定当代中国命运的关键一招,也是决定实现“两个一百年”奋斗目标、实现中华民族伟大复兴的关键一招。

实现中华民族伟大复兴中国梦不是等得来、喊得来的,而是拼出来、干出来的。改革开放已走过千山万水,但仍需跋山涉水,摆在全党全国各族人民面前的使命更光荣、任务更艰巨、挑战更严峻、工作更伟大。我们绝不能有半点骄傲自满和固步自封,也绝不能有丝毫犹豫不决和徘徊彷徨,而必须发扬“自信人生二百年,会当水击三千里”的革命勇气,进一步坚定对马克思主义的信仰,对中国特色社会主义的信念,对实现中华民族伟大复兴中国梦的信心,就一定能创造出新时代改革开放新的更大的奇迹。

如何正确认识和把握新时代全面深化改革的十大关系？

40多年春风化雨、春华秋实，改革开放极大改变了中国的面貌、中华民族的面貌、中国人民的面貌、中国共产党的面貌。中华民族迎来了从站起来、富起来到强起来的伟大飞跃，中国特色社会主义迎来了从创立、发展到完善的伟大飞跃，中国人民迎来了从温饱不足到小康富裕的伟大飞跃。

"行之力则知愈进，知之深则行愈达。"习近平总书记指出："必须从纷繁复杂的事物表象中把准改革脉搏，把握全面深化改革的内在规律，特别是要把握全面深化改革的重大关系"，"使各项改革举措在政策取向上相互配合、在实施过程中相互促进、在改革成效上相得益彰"。不断深化对改革规律的认识，准确把握和正确处理新时代全面深化改革的重大关系，是推进新时代中国特色社会主义伟大事业、实现中华民族伟大复兴中国梦的本质要求。

全面深化改革是一个复杂的社会系统工程。当前我国改革开放已进入深水区和攻坚期，推进新时代全面深化改革面临一系列深层次矛盾和挑战。在这种情况下，全面深化改革必须不断深化对改革规律的认识和探索，特别是要把握好、处理好全面深化改革的一系列重大关系。

中国特色社会主义进入新时代,全面深化改革必须正确把握和处理好以下十个重大关系。

一是坚持党的领导与坚持人民首创精神的辩证关系。

习近平总书记指出:“改革开放是我们党在新的时代条件下带领全国各族人民进行的新的伟大革命。”党是中国特色社会主义事业的领导核心,全面深化改革必须在党的领导下进行。我国改革开放 40 多年的经验证明,坚持党的领导是改革开放的重要保证,没有党的坚强领导,改革开放不可能走到今天,更不可能取得如此辉煌的成就;离开党的坚强领导,改革开放就很可能迷失方向,要么走回封闭僵化的老路上去,要么走到改旗易帜的邪路上去。在新的历史起点上全面深化改革,必须始终坚持党的领导,这一点我们必须坚定不移、毫不动摇。但“改革开放是亿万人民自己的事业,必须坚持尊重人民首创精神,坚持在党的领导下推进”,“必须坚持人民主体地位和党的领导的统一,紧紧依靠人民推进改革开放”。人民群众的实践是推进改革开放的不竭动力。没有最广大人民的支持和参与,任何改革都不可能取得成功,始终坚持以人民为中心的价值导向,是新时代全面深化改革必须遵循的正确价值导向。

二是方向坚定与措施灵活的辩证关系。

习近平总书记反复强调:“改革开放是一场深刻革命,必须坚持正确方向,沿着正确道路前进”,“我们的改革是在中国特色社会主义道路上不断前进的改革,既不走封闭僵化的老路,也不走改旗易帜的邪路”。我们的改革方向就是不断推动社会主义制度自我完善和发展,而绝不是对社会主义制度改弦易辙。但是强调改革开放必须坚持正确方向同时又要强调在全面深化改革的具体措施方法方面决不能整齐划一，而应当灵活多样，比如我们在坚持社会主义基本经济制度的前提下充分运用多种有利于推进我国经济发展的措施和方法，这样更有利于完善和发展中国特色社会主义制度，更有利于推进改革开放不断取得新成效。

三是发挥制度优势与革除体制弊端的辩证关系。

改革是一场革命，但它绝不是要“革”社会主义制度的“命”，相反却“是社会主义制度的自我完善和发展”。正如习近平总书记所说：“我们全面深化改革，不是因为中国特色社会主义制度不好，而是要使它更好；我们说坚定制度自信，不是要故步自封，而是要不断革除体制机制弊端，让我们的制度成熟而持久。”“要通过不断改革创新，使中国特色社会主义在解放和发展生产力、解放和增强社会活力、促进人的全面发展上比资本主义制度更有效率，更能激发全体人民的积极性、主动性、创造性，更能为社会发展提供有利条件，更能在竞争中赢得比较优势，把中国特色社会主义制度的优越性充分体现出来。”全面深化改革的过程，实际上就是通过不断革除体制机制弊端而不断健全和完善中国特色社会主义制度的过程，新时代继续全面深化改革必须深刻把握和正确处理好健全制度优势与革除体制弊端的辩证关系。

四是解放思想与实事求是的辩证关系。

从一定意义说，中国的改革开放就是从解放思想开始的。只有解放思想才能突破那些僵化的、不合时宜的体制模式，建立符合时代和社会发展要求的新的体制机制。当然，解放思想并不是要随意性“解放”或无原则地“解放”，只有在坚持实事求是原则的前提下才能真正达到解放思想的目的。习近平总书记强调“全面深化改革总目标是完善和发展中国特色社会主义制度、推进国家治理体系和治理能力现代化”，就是说我们全面深化改革并不是要改变我们的社会制度，相反却是为了“完善和发展”中国特色社会主义制度，在这个问题上我们必须坚持实事求是原则，决不允许个别人打着“解放思想”旗号来否定共产党的领导，否定社会主义制度。

五是顶层设计与大胆探索的辩证关系。

全面深化改革作为一项系统化工程，需要通过整体谋划，对深化改革的“四梁八柱”甚至每一步“棋”怎么走、每一项重大举措如何推进提前做出顶层设计，否则就难免会导致改革走弯路并因此付出沉重代价。但是改革又是一场前无古人的革命，既无现成的经验可循，也没有固定的套路或模式，这就需要我们自觉遵循实事求是原则，“摸着石头过河”，在实践中大胆探索、不断开拓创新。探索成功了的经验及时推广，不成功的教训认真汲取。只有把顶层设计与大胆探索有机结合起来才能确保全面深化改革取得成效。

六是胆子要大与步子要稳的辩证关系。

面对全面深化改革遇到的矛盾和问题，我们一方面要胆子大，以敢闯敢试的精神来破解各种改革难题，做到有胆有识；另一方面又要步子稳，做到一切从实际出发，绝不冒无谓之风险，不打无把握之仗，自觉做到积极稳妥。胆子要大与步子要稳相结合是由全面深化改革的复杂性和艰巨性决定的，如果缺乏排险闯关的胆略和敢为人先的精神，前怕狼后怕虎，任何改革难关都难闯过；但是强调胆子大绝不是提倡盲目蛮干，再大的胆子也离不开稳健的步子，否则就会跌跟头，只有自觉做到审慎稳妥、稳扎稳打，通过由点及面稳步推进，积小胜为大胜，才能夺取全面深化改革最大成效。

七是整体推进与重点突破的辩证关系。

40多年改革开放的经验告诉我们，全面深化改革既要注重整体推进，更要强调重点突破。正像习近平总书记所说的那样，我们必须统筹谋划深化改革各个方面、各个层次、各个要素，注重推动各项改革相互促进、良性互动、协同配合。要坚持整体推进，加强不同时期、不同方面改革配套和衔接，注重改革措施整体效果，防止畸重畸轻、单兵突进、顾此失彼。整体推进不是平均用力、齐头并进，而是要注重抓主要矛盾和矛盾的主要方面，注重抓重要领域和关键环节，努力做到全局和局部相配套、治本和治标相结合、渐进和突破相衔接，实现整体推进和重点突破相统一。

八是提高效率与维护公平的辩证关系。

全面深化改革既要讲求效率，又要注重公平。效率与公平是社会发展的两个重要目标，它们不存在孰先孰后或孰轻孰重的问题。要实现社会的发展进步，既要提高生产效率，增加物质财富，同时又要保障社会成员权利，促进社会公平正义。我国改革开放40多年的实践经验证明，提高生产效率与促进社会公平是辩证统一的，社会的公平有助于效率的提高,效率的提高也有助于公平的实现,效率与公平之间是一种相互依赖、密不可分的关系,任何把提高效率与促进公平割裂开来甚至对立起来的观点都是非常错误和有害的。

九是深化改革与扩大开放的辩证关系。

改革与开放是相辅相成、不可分割的,改革是开放的条件,开放是改革的外部推动力。我国改革开放的总设计师邓小平同志曾经说过:"根据中国的经验,把自己孤立于世界之外是不利的。要得到发展,必须坚持对外开放、对内改革","对外开放具有重要意义,任何一个国家要发展,孤立起来,闭关自守是不可能的"。习近平总书记也多次强调指出:"我们将实行更加积极主动的开放战略","更好把国内发展与对外开放统一起来"。全面深化改革与扩大对外开放是有机联系的内在统一体,二者相互制约、相互影响,任何抛开改革讲开放或抛开开放讲改革都是片面错误的,二者必须统筹推进、协调发展。

十是改革发展与环境稳定的辩证关系。

改革是一场革命,是推进社会发展的内在动力,但是改革发展必须在一个稳定的社会环境下才能实现。"发展才是硬道理"、"稳定压倒一切"是我国改革开放的总设计师邓小平同志的两句名言,这两句名言表面看来似乎有"矛盾",但从本质上讲二者是内在统一的,改革是经济社会发展的强大动力,是实现社会稳定的基础;发展是改革的目的,中国解决所有问题的关键必须靠改革、靠发展,发展是实现社会稳定最有效和最可靠的保证。我国改革开放 40 多年的经验证明，只有正确处理好改革发展与社会稳定的关系，自觉把握好改革的力度、发展的速度和社会可承受的程度，真正在保持社会稳定中推进改革发展，通过改革发展促进社会稳定，才能最终实现我国经济社会的持续健康发展。

新时代如何继续弘扬伟大的改革开放精神?

中华民族充满变革和开放精神。几千年前,中华民族的先民们就秉持“周虽旧邦,其命维新”的精神,开启了缔造中华文明的伟大实践。自古以来,中国大地上发生了无数变法变革图强运动,留下了“治世不一道,便国不法古”等豪迈宣言。自古以来,中华民族就以“天下大同”“协和万邦”的宽广胸怀,自信而又大度地开展同域外民族交往和文化交流,曾经谱写了万里驼铃万里波的浩浩丝路长歌,也曾经创造了万国衣冠会长安的盛唐气象。正是这种“天行健,君子以自强不息”“地势坤,君子以厚德载物”的变革和开放精神,使中华文明成为人类历史上唯一一个绵延 5000 多年至今未曾中断的灿烂文明。

伟大的时代产生伟大的精神,40 多年改革开放孕育形成了伟大的改革开放精神。习近平总书记在庆祝改革开放 40 周年大会上的讲话中指出:“改革开放铸就的伟大改革开放精神,极大丰富了民族精神内涵,成为当代中国人民最鲜明的精神标识。”这段话深刻揭示了改革开放精神产生的实践基础、精神内涵及其重要地位,对我们更好地利用改革开放精神激励和推进新时代全面深化改革和社会主义现代化建设事业,具有十分重要的现实意义和深远的历史意义。

(一) 伟大的改革开放精神根植于伟大的改革开放实践

理论是实践的反映，精神是时代的精华。伟大的改革开放精神来源于伟大的改革开放实践。1978 年 12 月召开的党的十一届三中全会，实现了我们党历史上一次具有重大历史意义的伟大转折。以邓小平同志为主要代表的中国共产党人，以非凡的胆识和魄力进行拨乱反正，重新确立了党的解放思想、实事求是的思想路线，作出了把党和国家工作中心转移到经济建设上来、实行改革开放的历史性决策，使我国进入了改革开放和社会主义现代化建设新时期。

改革开放 40 多年来，我国的社会主义现代化建设事业取得了举世瞩目的成就，“中国人民用双手书写了国家和民族发展的壮丽史诗”。从党的十一届三中全会作出改革开放的重大决策到今天，可以说是中国生产力发展速度最快、综合国力程度增强最快、人民生活水平提高最快的 40 多年。习近平总书记在庆祝改革开放 40 周年大会上的讲话中高度评价了我国改革开放取得的重大历史成就，强调指出：“改革开放极大改变了中国的面貌、中华民族的面貌、中国人民的面貌、中国共产党的面貌。中华民族迎来了从站起来、富起来到强起来的伟大飞跃，中国特色社会主义迎来了从创立、发展到完善的伟大飞跃，中国人民迎来了从温饱不足到小康富裕的伟大飞跃，中华民族正以崭新姿态巍然屹立在世界东方。”

伟大的改革开放实践孕育了伟大的改革开放精神，伟大的改革开放精神又成为激励和推进改革开放继续向纵深发展的巨大动力。习近平总书记说得好："40 年风雨同舟，40 年披荆斩棘，40 年砥砺奋进，我们党引领人民绘就了一幅波澜壮阔、气势恢宏的历史画卷，谱写了一曲感天动地、气壮山河的奋斗赞歌。"而在这"历史画卷"和"奋斗赞歌"的背后始终有一股强大的精神力量激励着亿万中国人民攻坚克难、砥砺奋进。从家庭联产承包责任制的"星星之火"到全面深化改革的风生水起，从乡镇企业异军突起到全面实施乡村振兴战略，从取消农业税牧业税到坚决打赢脱贫攻坚战，从提出兴办经济特区到我国加入世界贸易组织，从提出内陆中心城市对外开放到全面实施共建"一带一路"，从传统的计划经济到社会主义市场经济，如此等等，每一次改革开放实践的创新，其实都离不开党的理论创新成果的指引，离不开改革开放精神的激励。在庆祝改革开放 40 周年大会上表彰的 100 名来自不同领域的改革先锋，正是 40 年改革开放过程中涌现的千千万万改革者的代表，他们的奋斗历程正是对改革开放精神的生动诠释。

(二) 改革开放实践孕育铸就了伟大的改革开放精神

伟大的改革开放精神是从改革开放伟大实践中得来的，它既是对中华民族精神和中国共产党革命精神的传承、转化和提升，也是对我国 40 多年改革开放实践历程及其经验的高度凝练和升华，是党和人民在改革开放实践中孕育铸就的弥足珍贵的宝贵精神财富。

改革开放铸就了解放思想、实事求是精神。改革开放起始于解放思想，没有当年那场声势浩大的真理标准问题大讨论，就不可能冲破长期积累的各种“左”的思想禁锢，不可能重新确立马克思主义的思想路线，也不可能把全党工作的重点及时转移到社会主义现代化建设上来。党的解放思想、实事求是、与时俱进、求真务实的思想路线是贯穿我国改革开放始终的一条红线，改革开放每项决策的出台、每项成就的取得，都离不开解放思想、实事求是、与时俱进、求真务实。当年我国改革开放的总设计师邓小平同志曾经指出：“实事求是，是无产阶级世界观的基础，是马克思主义的思想基础。过去我们搞革命所取得的一切胜利，是靠实事求是；现在我们要实现四个现代化，同样要靠实事求是。”但是“一个党，一个国家，一个民族，如果一切从本本出发，思想僵化，迷信盛行，那它就不能前进，它的生机就停止了，就要亡党亡国”，“只有解放思想，坚持实事求是，一切从实际出发，理论联系实际，我们的社会主义现代化建设才能顺利进行，我们党的马列主义、毛泽东思想的理论也才能顺利发展”。改革开放实践丰富了党的思想路线的时代内涵，也铸就形成了解放思想、实事求是的伟大精神。

改革开放铸就了敢闯敢试、敢为人先精神。改革开放是一项前无古人的伟大事业，没有任何可以拿来照搬照抄的经验进行借鉴，正是在这种情况下，邓小平同志才强调提出：“改革开放胆子要大一些，敢于试验，不能像小脚女人一样。看准了的，就大胆地试，大胆地闯”，“没有一点闯的精神，没有一点‘冒’的精神，没有一股气呀、劲呀，就走不出一条好路，走不出一条新路，就干不出新的事业”；“允许看，但要坚决地试”，“搞一两年对了，放开；错了，纠正，关了就是了”。无论是家庭联产承包责任制的推广，还是经济特区的试验，无论是乡镇企业的兴办，还是社会主义市场经济体制的探索，无一不是靠着这种“大胆地试，大胆地闯”试出来、闯出来的，无一不是靠敢闯敢试、敢为人先精神干出来、创出来的。

改革开放铸就了开拓进取、勇于创新精神。习近平总书记在谈到改革开放的主要经验时指出：“改革开放 40 年的实践启示我们：创新是改革开放的生命。”中华民族是富有创新精神的民族，古人讲的“苟日新，日日新，又日新”正是中华民族创新精神的最好写照。从一定意义上讲，我国 40 多年改革开放的历史实际上就是一部宏大的实践创新史，也是一部伟大的理论创新史。从实践创新的角度来说，从当年小岗村民的“大包干”到新时代的土地流转，从当年提出设立深圳等经济特区到全方位实施“一带一路”，从当年提出沿海沿边沿江沿线开放到规划设立自由贸易试验区和谋划中国特色自由贸易港，所有这些，无一不是实践创新的结果。从理论创新的角度来说，40 多年的改革开放我们既坚持了“老祖宗不能丢”，又讲出了“老祖宗没有说过的话”。40 多年改革开放我们党先后创立并提出了包括社会主义本质理论、社会主义初级阶段理论、社会主义市场经济理论、中国特色社会主义“五位一体”总体布局和“四个全面”战略布局理论、新发展理念等在内的一系列创新理论，尤其是提出了邓小平理论、“三个代表”重要思想、科学发展观、习近平新时代中国特色社会主义思想，这是改革开放以来党和人民实践经验和集体智慧的结晶，是我们党在当代改革开放实践中的最大的理论创新。改革开放的创新实践铸就了不断进取、勇于创新的精神。

改革开放铸就了开放包容、命运共存精神。改革与开放是不可分割的，当今世界是开放的世界，改革的中国必须同时是开放的中国。正如习近平总书记所指出的那样："改革开放 40 多年的实践启示我们：开放带来进步，封闭必然落后。中国的发展离不开世界，世界的繁荣也需要中国。"改革开放使中国实现了从封闭半封闭到全方位开放的历史转变，正是汹涌澎湃的改革开放大潮才使中国融入了世界，同时也让世界发现了一个全新的中国。这些年，随着改革不断向纵深发展，我们的开放步伐也越来越大，从"引进来"到"走出去"，从加入世界贸易组织到共建"一带一路"，从秉持和平发展外交政策到推动构建相互尊重、公平正义、合作共赢的新型国际关系，从提出建设开放型世界经济到推进建设持久和平、普遍安全、共同繁荣、开放包容、清洁美丽的人类命运共同体，所有这些重大举措都有力地推动我国日益走近世界舞台中央，为解决人类问题不断贡献越来越多的中国智慧和中国方案。40 多年改革开放实践形成并铸就了开放包容、命运共存精神。

（三）全面深化改革必须大力弘扬伟大改革开放精神

伟大的改革开放精神，作为中华民族精神的时代体现和当代中国人民最鲜明的精神标识，蕴含着中国共产党和中国人民对马克思主义的信仰、对中国特色社会主义的信念和对实现中华民族伟大复兴中国梦的信心。这种信仰、信念和信心，是推进当前全面深化改革和新时代中国特色社会主义事业继续高歌猛进的强大精神力量。

首先，弘扬改革开放精神必须坚持中国特色社会主义正确方向。习近平总书记指出："改革开放是一场深刻革命，必须坚持正确方向，沿着正确道路推进"，"我们的改革开放是有方向、有立场、有原则的"，"不实行改革开放是死路一条，搞否定社会主义方向的'改革开放'也是死路一条。在方向问题上，我们头脑必须十分清醒"。精神可以为行动提供强大动力，但前提是行动的目标和方向要正确。只要我们牢牢把握好新时代改革开放的前进方向，坚定不移弘扬伟大的改革开放精神，既不走封闭僵化的老路，也不走改旗易帜的邪路，就一定能取得新时代改革开放的新奇迹。

其次，弘扬改革开放精神必须始终坚持中国共产党领导。中国共产党领导是中国特色社会主义最本质的特征，也是中国特色社会主义制度的最大优势。改革开放是在新的时代条件下党带领人民进行的一场前无古人的伟大革命。随着我国改革开放的不断深入，党的领导和党的建设也需要不断加强和完善。通过弘扬伟大的改革开放精神，不断强化改革开放意识，增强改革开放信心，对确保党始终成为中国特色社会主义事业的坚强领导核心、不断推进新时代改革开放和社会主义现代化建设事业具有重要意义。

最后，弘扬改革开放精神还必须始终坚持以人民为中心。习近平总书记指出："改革开放是亿万人民自己的事业，必须坚持尊重人民首创精神，坚持在党的领导下推进。必须坚持人民主体地位和党的领导的统一，紧紧依靠人民推进改革开放。"人民是历史的创造者，也是推动改革开放的主体力量。始终坚持以人民为中心、坚定相信群众和依靠群众，既是改革开放取得成功的一条重要经验，也是伟大改革开放精神的本质要求。在全面深化改革新的历史条件下，我们必须继续大力弘扬改革开放精神，始终把人民对美好生活的向往作为推进改革开放的重要目标，不断实现人民对共同富裕的期盼和对美好生活的向往。

如何理解新时代中国共产党的崇高历史使命?

实现中华民族伟大复兴是近代以来中华民族最伟大的梦想。中国共产党一经成立,就把实现共产主义作为党的最高理想和最终目标,义无反顾肩负起实现中华民族伟大复兴的历史使命,团结带领人民进行了艰苦卓绝的斗争,谱写了气吞山河的壮丽史诗。

中国共产党成立99年来,为了实现中华民族伟大复兴的历史使命,无论是弱小还是强大,无论是顺境还是逆境,我们党都初心不改、矢志不渝,团结带领人民历经千难万险,付出巨大牺牲,敢于面对曲折,勇于修正错误,攻克了一个又一个看似不可攻克的难关,创造了一个又一个彪炳史册的人间奇迹。

习近平总书记在党的十九大报告中明确指出:“中国共产党人的初心和使命,就是为中国人民谋幸福,为中华民族谋复兴。这个初心和使命是激励中国共产党人不断前进的根本动力。”认真学习习近平总书记关于新时代中国共产党历史使命的重要论述,对于加快推进新时代党的建设伟大工程和中国特色社会主义伟大事业、实现中华民族伟大复兴的中国梦,具有十分重要的现实意义和深远的历史意义。

(一) 实现中华民族伟大复兴是中国共产党的崇高历史使命

中华民族是一个具有5000多年悠久历史和灿烂文明的伟大民族。鸦片战争后，中国陷入内忧外患的黑暗境地，中国人民经历了战乱频仍、山河破碎、民不聊生的深重苦难。正是从那时起，中华儿女开始把实现民族复兴作为最迫切的愿望和最伟大的梦想。

为了实现民族复兴，无数仁人志士不屈不挠、前仆后继，进行了可歌可泣的斗争，但终究都没能改变旧中国的社会性质和中国人民的悲惨命运。中国共产党从成立之日起，就义无反顾地承担起了实现中华民族伟大复兴的历史使命。

实现中华民族伟大复兴，必须首先推翻压在中国人民头上的帝国主义、封建主义、官僚资本主义三座大山，实现民族独立和人民解放，使长期受剥削压迫的中国人昂首挺胸“站起来”。为了实现这个目标，我们党团结带领人民找到了一条以农村包围城市、武装夺取政权的革命道路，经过28年的浴血奋战，胜利完成了新民主主义革命，建立了中华人民共和国，实现了中国从几千年封建专制政治向人民民主的伟大飞跃，中国人民从此站起来了。

实现中华民族伟大复兴，还必须顺应时代潮流、适应人民愿望，让站起来的中国人尽快“富起来”。为此，我们党在新中国成立后领导人民取得社会主义革命和建设重要成果的基础上，果断作出了改革开放的英明抉择，团结带领人民进行改革开放新的伟大实践，极大地解放和发展了社会生产力，增强了综合国力，提高了人民生活水平，实现了从温饱不足到总体小康再向全面小康迈进的跨越，使中国人“唱着春天的故事，改革开放富起来”。

实现中华民族伟大复兴，还必须使站起来、富起来的中华民族进一步“强起来”。习近平总书记在党的十九大报告中强调：“中国特色社会主义进入新时代，意味着近代以来久经磨难的中华民族迎来了从站起来、富起来到强起来的伟大飞跃，迎来了实现中华民族伟大复兴的光明前景。”在中国特色社会主义新时代，我们要通过实现“两个一百年”奋斗目标和全面建成小康社会后新的“两步走”战略步骤，向着建设富强民主文明和谐美丽的社会主义现代化强国目标奋力前进。

中国特色社会主义新时代是全体中华儿女“决胜全面建成小康社会、进而全面建设社会主义现代化强国的时代”，是“奋力实现中华民族伟大复兴中国梦的时代”。今天我们比历史上任何时期都更接近、更有信心和能力实现中华民族伟大复兴的目标。实现民族复兴的伟大梦想是新时代中国共产党人的崇高历史使命。

（二）实现中华民族伟大复兴必须进行伟大斗争

习近平总书记在党的十九大报告中强调指出：“实现伟大梦想，必须进行伟大斗争。”当然，这里讲的斗争并不是单指社会领域那种不同阶级之间的对抗，而是涉及自然、社会和思想各个领域的“具有许多新的历史特点的伟大斗争”。

马克思主义认为，人类社会是在矛盾运动中前进的。世界是矛盾的统一体，任何矛盾都是既对立又统一的。同一性与斗争性是任何矛盾都具有的两大基本属性。正因为如此，为了确保社会的和谐统一，就必须进行“具有许多新的历史特点”的斗争，正如习近平总书记所说的那样，面对新形势新挑战，必须发扬斗争精神，既要敢于斗争，又要善于斗争，在事关中国特色社会主义前途命运的大是大非问题上坚定不移，在改革发展稳定工作中敢于碰硬，在全面从严治党上敢于动硬，在维护国家核心利益上敢于针锋相对，不在困难面前低头，不在挑战面前退缩，不拿原则做交易，不在任何压力下吞下损害中华民族根本利益的苦果。

在中国特色社会主义新时代，我们党面临的“四大考验”更加复杂，“四种危险”更加突出，推进新时代中国特色社会主义伟大事业面临的挑战也更加严峻。在这种新的历史条件下，我们党要团结带领人民更加积极有效地应对重大挑战、抵御重大风险、克服重大阻力、解决重大矛盾，就必须进行具有许多新的历史特点的伟大斗争。进行伟大斗争，一要更加自觉地坚持党的领导和我国社会主义制度，坚决反对一切削弱、歪曲、否定党的领导和我国社会主义制度的言行；二要更加自觉地维护人民利益，坚决反对一切损害人民利益、脱离群众的行为；三要更加自觉地投身改革创新时代潮流，坚决破除一切顽瘴痼疾；四要更加自觉地维护我国主权、安全、发展利益，坚决反对一切分裂祖国、破坏民族团结和社会和谐稳定的行为；五要更加自觉地防范各种风险，坚决战胜一切在政治、经济、文化、社会等领域和自然界出现的困难和挑战。习近平总书记要求全党必须充分认识这场伟大斗争的长期性、复杂性和艰巨性，进一步发扬斗争精神，提高斗争本领，不断夺取伟大斗争新胜利。

（三）实现中华民族伟大复兴必须建设伟大工程

办好中国的事情，关键在党。没有中国共产党的领导，实现中华民族伟大复兴就只能是空想。中国特色社会主义最本质的特征是中国共产党的领导，中国特色社会主义制度的最大优势也是中国共产党的领导。

打铁必须自身硬。习近平总书记指出：中国特色社会主义进入新时代，“党要团结带领人民进行伟大斗争、推进伟大事业、实现伟大梦想，必须毫不动摇坚持和完善党的领导，毫不动摇把党建设得更加坚强有力”，必须“确保党在世界形势深刻变化的历史进程中始终走在时代前列，在应对国内外各种风险和考验的历史进程中始终成为全国人民的主心骨，在坚持和发展中国特色社会主义的历史进程中始终成为坚强领导核心”。

推进新时代党的建设新的伟大工程任务艰巨，使命重大。为了不断推动全面从严治党向纵深发展，我们一要牢牢把握新时代党的建设总要求，切实以加强党的长期执政能力建设、先进性和纯洁性建设为主线，以党的政治建设为统领，以坚定理想信念宗旨为根基，以调动全党积极性、主动性、创造性为着力点，全面推进党的建设伟大工程；二要坚持把党的政治建设摆在首位，坚定不移执行党的政治路线，严格遵守政治纪律和政治规矩，在政治立场、政治方向、政治原则、政治道路上同党中央保持高度一致，把对党忠诚、为党分忧、为党尽职、为民造福作为根本政治担当，永葆共产党人政治本色；三要坚持用习近平新时代中国特色社会主义思想武装全党，坚定理想信念，牢记党的宗旨，推动全党更加自觉地为实现新时代党的历史使命不懈奋斗；四要坚持和加强党的全面领导，统筹推进党的各项建设，不断提高党的建设质量，把党建设成为始终走在时代前列、人民衷心拥护、勇于自我革命、经得起各种风浪考验、朝气蓬勃的马克思主义执政党。

（四）实现中华民族伟大复兴必须推进伟大事业

伟大事业指的就是中国特色社会主义伟大事业。习近平总书记在党的十九大报告中指出："中国特色社会主义是改革开放以来党的全部理论和实践的主题，是党和人民历尽千辛万苦、付出巨大代价取得的根本成就。"实现中华民族伟大复兴的中国梦必须坚定不移推进中国特色社会主义伟大事业。

推进伟大事业是一个复杂的系统工程。完成这一系统工程，一要紧紧围绕实现社会主义现代化和中华民族伟大复兴这个总任务，继续坚定不移坚持和发展中国特色社会主义，在全面建成小康社会的基础上，分两步走在本世纪中叶建成富强民主文明和谐美丽的社会主义现代化强国；二要更加自觉地增强中国特色社会主义道路自信、理论自信、制度自信和文化自信，既不走封闭僵化的老路，也不走改旗易帜的邪路，坚定不移把新时代中国特色社会主义事业不断推向前进；三要统筹推进经济建设、政治建设、文化建设、社会建设、生态文明建设“五位一体”的总体布局，协调推进全面建成小康社会、全面深化改革、全面依法治国、全面从严治党的“四个全面”战略布局，建设社会主义市场经济、民主政治、先进文化、生态文明、和谐社会，协同推进人民富裕、国家强盛、中国美丽。

“路漫漫其修远兮，吾将上下而求索。”伟大斗争、伟大工程、伟大事业、伟大梦想，是一个统一的有机整体，它们彼此紧密联系、相互贯通、相互作用，其中起引领作用的是伟大梦想，起推进作用的是伟大事业，起动力作用的是伟大斗争，起决定和保障作用的是伟大工程。只要我们党不忘初心，牢记使命，勇于变革，勇于创新，始终保持永不懈怠的精神状态和一往无前的奋斗姿态，始终把人民对美好生活的向往作为自己的奋斗目标，就一定能不断夺取新时代中国特色社会主义的新胜利，实现中华民族伟大复兴的中国梦！

如何理解坚持和加强党的全面领导?

党的十九大报告中谈到新时代党的建设总要求时,第一句就强调要“坚持和加强党的全面领导”。

习近平总书记在谈到坚持和加强党的全面领导时曾经形象地说过:这就像“众星捧月”,这个“月”就是中国共产党。在国家治理体系的大棋局中,党中央是坐镇中军帐的“帅”,车马炮各展其长,一盘棋大局分明。各个领域、各个方面都必须服从党中央集中统一领导,确保党中央令行禁止。

加强党的全面领导、坚持党对一切工作的领导是习近平新时代中国特色社会主义思想的重要内容。坚持和加强党的全面领导,对于推进新时代党的建设伟大工程、确保党始终成为中国特色社会主义事业的坚强领导核心具有十分重大而深远的意义。

党政军民学,东西南北中,党是领导一切的。中国特色社会主义最本质的特征是中国共产党领导,中国特色社会主义制度的最大优势是中国共产党领导,这是习近平总书记深刻总结党的领导和党的建设历史经验得出的重要结论,这一重要论述体现了我们党对中国特色社会主义本质规定的认识达到了一个新高度,对共产党执政规律和社会主义建设规律的认识达到了一个新境界。

中国共产党的领导是历史的选择、人民的选择。正是在中国共产党的坚强领导下，我们才取得了新民主主义革命的胜利、社会主义革命和社会主义建设事业的胜利，进而又取得了中国特色社会主义事业的巨大成功。历史已经并将继续证明，坚持中国共产党的领导，是我们取得一切胜利和成功的最根本、最关键原因，离开党的坚强领导，中国就会成为一盘散沙，我们为之奋斗的民族复兴大业就根本不可能完成。

我们党在长期领导革命、建设和改革的历史进程中，始终坚持了党中央的集中统一领导。毛泽东、邓小平等历代中央领导核心都曾反复强调加强党中央的集中统一领导、维护党中央的权威。党的十八大以来，以习近平为核心的党中央以巨大的政治勇气和强烈的责任担当，大力推进党的建设，提出一系列党建新思想，推出一系列党建新举措，使曾经一度出现的党的领导弱化、虚化和从严治党宽松软的状况得到根本扭转，实现了全党思想上的高度统一、组织上的坚强团结和行动上的高度一致，极大增强了党的政治领导力、思想引领力、群众组织力和社会号召力，也正因为如此，才使我们党的执政能力和领导水平显著增强，从而解决了许多长期想解决而没有解决的难题，办成了许多过去想办而没有办成的大事，推动党和国家事业发生了历史性变革。

中国特色社会主义进入新时代，对党的建设也提出了新要求。在新的历史起点上，习近平总书记强调，必须坚持党对一切工作的领导，加强党的全面领导，“增强政治意识、大局意识、核心意识、看齐意识，自觉维护党中央权威和集中统一领导，自觉在思想上政治上行动上同党中央保持高度一致”,“提高党把方向、谋大局、定政策、促改革的能力和定力,确保党始终总揽全局、协调各方”。

坚持和加强党的全面领导,是党和国家的根本所在、命脉所在,也是全国各族人民的利益所在、幸福所在。党的全面领导必须体现在党和国家事业的全领域,覆盖到党和国家工作的全方位,贯穿到党和国家发展的全过程。

坚持和加强党的全面领导,一要体现在加强党的政治领导、思想领导和组织领导上。通过强化党的政治领导,确保党坚定不移执行党的政治路线,严格遵守政治纪律和政治规矩,在政治立场、政治方向、政治原则、政治道路上同党中央保持高度一致;通过强化思想领导,使全体党员不断坚定共产主义远大理想和中国特色社会主义共同理想,自觉做共产主义远大理想和中国特色社会主义共同理想的坚定信仰者和忠实实践者;通过强化组织领导,认真贯彻党的民主集中制组织原则,加强党的基层组织建设,不断夯实党的执政基础。

坚持和加强党的全面领导,二要体现在党总揽全局、协调各方的领导核心地位上。党的十九大报告强调必须“提高党把方向、谋大局、定政策、促改革的能力和定力,确保党始终总揽全局、协调各方”,这就是说,党中央作出的决策部署,党的各级组织、宣传、统战、政法等部门,人大、政府、政协、法院、检察院的党组织,事业单位、人民团体等的党组织,都必须坚决贯彻落实。

坚持和加强党的全面领导,三要体现在改革发展稳定、内政外交国防、治党治国治军等各个方面。坚持党的领导,绝不仅仅是政治立场和政治原则，也是工作准则和具体要求，更是我们做好各项工作的基础和前提。中国共产党是“执政党”，是中国特色社会主义事业的领导核心，既然如此，中国特色社会主义的改革发展稳定、内政外交国防、治党治国治军等各方面都要靠党来“总揽全局、协调各方”。

坚持和加强党的全面领导，四要体现在统筹推进“五位一体”总体布局和协调推进“四个全面”战略布局全过程。中国特色社会主义“五位一体”总体布局和“四个全面”战略布局是中国共产党治国理政的战略规划和战略重点，作为中国特色社会主义事业领导核心的中国共产党，理所当然应当而且必须统筹领导中国特色社会主义经济建设、政治建设、文化建设、社会建设和生态文明建设各领域，协调领导推进全面建成小康社会、全面深化改革、全面依法治国和全面从严治党全过程。

坚持和加强党的全面领导，还必须加快推进全面从严治党步伐。邓小平同志早就说过：“共产党有没有资格领导，这决定于我们党自己。”习近平总书记在党的十九大报告中也明确指出：“勇于自我革命，从严管党治党，是我们党最鲜明的品格。”坚持和加强党的全面领导必然会赋予各级党组织更多职权，同时也会带来更大责任，这就要求我们必须不断增强党自我净化、自我完善、自我革新、自我提高的能力，始终保持党同人民群众的血肉联系，使党真正成为始终走在时代前列、人民衷心拥护、勇于自我革命、经得起各种风浪考验、朝气蓬勃的马克思主义执政党。

为什么必须把党的政治建设摆在首位?

2018 年 6 月 29 日下午,中共中央政治局就加强党的政治建设举行第六次集体学习,中共中央总书记习近平在主持学习时强调,马克思主义政党具有崇高政治理想、高尚政治追求、纯洁政治品质、严明政治纪律。如果马克思主义政党政治上的先进性丧失了,党的先进性和纯洁性就无从谈起。这就是我们把党的政治建设作为党的根本性建设的道理所在。

“万山磅礴必有主峰,龙衮九章但挚一领”,党的政治建设是一个永恒课题。要把准政治方向,坚持党的政治领导,夯实政治根基,涵养政治生态,防范政治风险,永葆政治本色,提高政治能力,为我们党不断发展壮大、从胜利走向胜利提供重要保证。

(一) 坚持把党的政治建设摆在首位的重要性

党的十九大明确提出党的政治建设这个重大命题。习近平总书记指出:“旗帜鲜明讲政治是我们党作为马克思主义政党的根本要求。党的政治建设是党的根本性建设,决定党的建设方向和效果。”强调把党的政治建设摆在首位、以党的政治建设为统领,这是新时代党的建设的总要求,也是推进新时代党的建设伟大工程新的战略布局。

首先,坚持把党的政治建设摆在首位是马克思主义政党建设的本质要求。《中国共产党章程》明确规定:中国共产党是中国工人阶级的先锋队,同时也是中国人民和中华民族的先锋队,是中国特色社会主义事业的领导核心,代表中国先进生产力的发展要求,代表中国先进文化的前进方向,代表中国最广大人民的根本利益。党的最高理想和最终目标是实现共产主义。《党章》规定的"两个先锋队""一个领导核心""三个代表"和"一个最终目标"是党的性质、党的本质的核心内容,实践这些核心内容,就要求我们党必须把事关党的根本性质、宗旨、任务、目标的政治建设摆在首位,用强有力的政治建设去统领其他建设,从而在根本性质上确保党的先进性和纯洁性,确保党的建设的正确方向。

其次,坚持把党的政治建设摆在首位是马克思主义政党健康发展的根本保证。作为马克思主义政党的中国共产党历来具有高度重视政治工作的优良传统,我们党从来把思想政治工作视为"一切工作的生命线"。马克思主义认为,政治是属于社会上层建筑的范畴,是经济的集中体现,政治来源于经济又反作用于经济,为经济提供指导和保障。习近平总书记指出:"讲政治,是我们党补钙壮骨、强身健体的根本保证,是我们党培养自我革命勇气、增强自我净化能力、提高排毒杀菌政治免疫力的根本途径。"从我们党的历史发展来看,什么时候重视党的政治建设、党内政治生活正常健康,我们党就风清气正、团结统一,充满生机活力,党的事业就蓬勃发展;反之,什么时候忽视党的政治建设,党的政治纪律涣散、政治生活松懈、政治信念动摇，党的事业就会遭受挫折和损失。

最后，坚持把党的政治建设摆在首位是党中央全面从严治党的一条成功经验。习近平总书记指出，党的十八大以来，在全面从严治党实践中，我们把党的政治建设摆上突出位置，在坚定政治信仰、增强"四个意识"、维护党中央权威和集中统一领导、严明党的政治纪律和政治规矩、加强和规范新形势下党内政治生活、净化党内政治生态、正风肃纪、反腐惩恶等方面取得明显成效。全党政治意识明显增强、政治觉悟明显提高、政治生态明显好转，所有这些都为党和国家事业的健康发展提供了强有力的政治保证。习近平总书记强调指出，党内存在的很多问题，原因都是党的政治建设没有抓紧、没有抓实、没有抓好，"政治问题，任何时候都是根本性的大问题。全面从严治党，必须注重政治上的要求"，"抓住了这个点，我们党就能更好凝心聚魂、强身健体"。实践反复证明，只有抓住党的政治建设这个根本、把政治建设摆在首位，才能抓住党的建设的根本点、找准党的建设的着力点。

(二) 新时代加强党的政治建设的基本要求

党的政治建设是党的根本性建设，也是一项十分复杂的系统性工程。在中国特色社会主义新时代，强调把党的政治建设摆在首位、以党的政治建设为统领具有哪些基本的内涵要求呢？

一要始终把准政治方向。在政治素质中坚定正确的政治方向是根本要求。习近平总书记指出:“政治方向是党生存发展第一位的问题,事关党的前途命运和事业兴衰成败”,“我们所要坚守的政治方向,就是共产主义远大理想和中国特色社会主义共同理想、‘两个一百年’奋斗目标,就是党的基本理论、基本路线、基本方略”。具体来说,坚定正确的政治方向,一是坚持实现共产主义这个最高理想和最终目标,共产主义是我们的最高理想,实现共产主义社会制度是我们的最高追求;二是坚持发展中国特色社会主义这个大方向,坚守中国特色社会主义道路自信、理论自信、制度自信、文化自信;三是实现“两个一百年”奋斗目标和实现中华民族伟大复兴的中国梦,这是当代中国共产党人所肩负的时代重任和历史使命。始终坚守这些“大目标”“大方向”“大趋势”就是我们必须始终坚持的正确的政治方向。

二要坚定站稳政治立场。立场问题是个根本问题、决定性的问题。立场站对了、站稳了,认识问题、分析问题和解决问题的出发点、立足点就正确,得出的结论也会正确;反之就可能是错误的。当代中国共产党人的政治立场,一是站稳党的立场,自觉做到对党绝对忠诚。对党忠诚是共产党员最基本的政治品格。每个共产党员尤其是党的各级领导干部必须对党绝对忠诚,坚决在思想上政治上行动上同以习近平同志为核心的党中央保持高度一致。二是站稳人民立场,坚持做人民的勤务员。习近平总书记多次强调,人民立场是中国共产党的根本政治立场。从根本上来说,我们党的利益和人民利益是一致的,所以党的立场和人民立场也是统一的。

三要牢固树立政治理想。坚定共产主义远大理想和中国特色社会主义共同理想，是中国共产党人的精神支柱和政治灵魂，也是保持党的团结统一的思想基础。习近平总书记把理想信念视为共产党人精神上的“钙”，强调如果没有理想信念或理想信念不坚定，精神上就会“缺钙”，就会得“软骨病”，就可能导致政治上变质、精神上贪婪、道德上堕落、生活上腐化。坚持把党的政治建设摆在首位必须把坚定政治理想信念作为首要任务，全党尤其是党的各级领导干部必须始终把对马克思主义的信仰、对社会主义和共产主义的信念作为毕生追求，坚定对中国特色社会主义的道路自信、理论自信、制度自信、文化自信。

四要严格遵守政治纪律。任何政党都有自己严明的政治纪律，没有政治上的纪律和规矩就不能称其为政党。我们党是靠革命理想和铁的纪律组织起来的马克思主义政党，纪律严明是党的光荣传统和独特优势。在当前新的历史条件下，要加强党的政治建设，关键是严明党的政治纪律和政治规矩。党的政治纪律和政治规矩最核心的是坚决维护习近平总书记在党中央和全党的核心地位、坚决维护党中央权威和集中统一领导。党的各级组织必须担负起执行和维护政治纪律和政治规矩的责任，始终坚持纪律面前一律平等，遵守纪律没有特权，执行纪律没有例外，党内决不允许存在不受纪律约束的特殊组织和特殊党员。

五要严肃党内政治生活。习近平总书记指出：“严肃党内政治生活是全面从严治党的基础。党要管党，首先要从党内政治生活管起；从严治党，首先要从党内政治生活严起。”严肃党内政治生活是新形势下加强党的建设新的伟大工程的重要课题，也是推进党的政治建设的重要内容和抓手。只有通过加强和规范党内政治生活，才能真正解决在一些地方和一些党员干部中存在的政治信念动摇、政治方向模糊、政治立场不稳、政治纪律松懈等问题，不断提高党内政治生活质量，真正营造一种风清气正的政治生态，确保马克思主义政党始终保持先进性和纯洁性。

六要注重提高政治能力。加强党的建设关键在人，每个党员尤其是党的领导干部必须具有高超的政治能力和素质。习近平总书记指出，党的政治建设落实到干部队伍建设上就要不断提高各级领导干部特别是高级干部把握方向、把握大势、把握全局的能力，辨别政治是非、保持政治定力、驾驭政治局面、防范政治风险的能力，善于从政治上分析问题、解决问题。提高各级党员干部的政治能力，最关键的就是要使广大党员干部做到习近平总书记强调的增强四个“定力”，即“政治定力、纪律定力、道德定力、抵腐定力”，始终做到“不放纵、不越轨、不逾矩”，永葆共产党人的政治本色。

（三）把党的政治建设摆在首位应该从哪些方面用力

习近平总书记在中央政治局就加强党的政治建设举行的集体学习会上强调指出，党的政治建设是一个永恒课题。要把准政治方向，坚持党的政治领导，夯实政治根基，涵养政治生态，防范政治风险，永葆政治本色，提高政治能力，为我们党不断发展壮大、从胜利走向胜利提供重要保证。

在中国特色社会主义新时代，坚持把党的政治建设摆在首位、以政治建设为统领，必须把握好以下几个根本着力点：

坚持党中央权威和集中统一领导。习近平总书记在党的十九大报告中指出，保证全党服从中央，坚持党中央权威和集中统一领导，是党的政治建设的首要任务。为了完成这一首要任务，全党要坚定执行党的政治路线，严格遵守政治纪律和政治规矩，在政治立场、政治方向、政治原则、政治道路上同党中央保持高度一致。全党要牢固树立政治意识、大局意识、核心意识、看齐意识，自觉在思想上政治上行动上同以习近平同志为核心的党中央保持高度一致，自觉服从党中央集中统一领导，确保党中央政令畅通、令行禁止。

把坚持正确的政治方向放在第一位。要始终遵循习近平总书记关于“政治方向是党生存发展第一位的问题”的重要论述，坚持把政治方向摆在新时代党的政治建设的“第一位”。要发挥好党的政治建设这个政治指南针的作用，积极引导全党坚定理想信念、坚定“四个自信”，把全党智慧和力量凝聚到新时代坚持和发展中国特色社会主义伟大事业中来；要引导全党把坚持正确政治方向贯彻到谋划重大战略、制定重大政策、部署重大任务、推进重大工作的实践中去，经常对表对标，及时校准偏差，坚决纠正偏离和违背党的政治方向的行为，确保党和国家各项事业始终沿着正确政治方向发展。

完善坚持党的领导的体制机制。中国特色社会主义最本质的特征是中国共产党的领导，中国特色社会主义制度的最大优势是中国共产党的领导。习近平总书记强调指出，必须坚持党对一切工作的领导，完善坚持党的领导的体制机制，建立健全坚持和加强党的全面领导的组织体系、制度体系、工作机制，切实把党的领导落实到改革发展稳定、内政外交国防、治党治国治军等各领域各方面各环节，确保党始终总揽全局、协调各方。

始终紧扣民心这个最大的政治。习近平总书记强调，加强党的政治建设，要紧扣民心这个最大的政治，把赢得民心民意、汇集民智民力作为重要着力点。人民是历史的创造者，是决定党和国家前途命运的根本力量。坚持党的政治领导必须始终坚持以人民为中心的根本理念，始终保持党同人民群众的血肉联系，坚持人民主体地位，坚持立党为公、执政为民，把党的群众路线贯彻到治国理政全部活动之中，把人民对美好生活的向往作为奋斗目标，把着力解决人民群众最关心最直接最现实的利益问题作为工作重点，坚定不移依靠人民创造历史伟业。

把营造良好政治生态作为经常性工作。习近平总书记指出，营造良好政治生态是一项长期任务，必须作为党的政治建设的基础性、经常性工作。要贯彻落实新形势下党内政治生活的若干准则，让党员、干部在党内政治生活中经常接受政治体检，增强政治免疫力；通过加强党内政治文化建设，让党所倡导的理想信念、价值理念、优良传统深入党员、干部思想和心灵；通过弘扬社会主义核心价值观，通过弘扬和践行忠诚老实、公道正派、实事求是、清正廉洁等价值观，以良好政治文化涵养风清气正的政治生态；通过不断开展反腐败斗争，扎紧制度的篱笆，使人民群众真正感受到清正干部、清廉政府、清明政治就在身边、就在眼前。

总之，党的政治建设是一个永恒课题。在中国特色社会主义新时代，我们要把准政治方向，坚持党的政治领导，夯实政治根基，涵养政治生态，防范政治风险，永葆政治本色，提高政治能力，为我们党不断发展壮大、从胜利走向胜利提供重要保证。

为什么说勇于自我革命是我们党最鲜明的品格和最大优势?

“御政之首,鼎新革故。”“革命”二字最早见于《易经》:“天地革而四时成,汤武革命,顺乎天而应乎人,革之时大矣哉。”古人把君王易主、朝代更替称为革命。从哲学意义上讲,革命指的就是推动事物发生根本变革,引起事物从旧质到新质的飞跃。从社会发展和政治变革的意义上讲,革命指的就是社会发展过程中产生的质变过程,是一个阶级推翻另一个阶级、一种政权推翻另一种政权、一种制度取代另一种制度的变革过程。

革命还有另一种表现形式,那就是自我革命。何为自我革命?自我革命指的就是某个政党或个人通过自我剖析和自我批判达到坚持真理、修正错误的过程。习近平总书记明确指出:“勇于自我革命,是我们党最鲜明的品格,也是我们党最大的优势”,“要兴党强党,就必须以勇于自我革命精神打造和锤炼自己”,“在新时代,我们党必须以党的自我革命来推动党领导人民进行的伟大社会革命”。认真学习习近平总书记关于勇于自我革命和发扬自我革命精神的重要论述,对推进新时代党的建设新的伟大工程、确保党和国家事业不断健康发展具有十分重要的现实意义和深远历史意义。

(一) 勇于自我革命是我们党最鲜明的品格和最大优势

自我革命是马克思主义政党加强自身建设的重要手段，它强调的是党通过解决自身存在的问题，不断实现自我净化、自我完善、自我革新和自我提高的过程，正如习近平总书记所说："中国共产党要担负起领导人民进行伟大社会革命的历史责任，必须勇于进行自我革命。"勇于自我革命是我们党最鲜明的品格和最大优势。

自我革命的过程也是中国共产党人改造主观世界的过程。过去，毛泽东同志一直把改造世界区分为改造客观世界和主观世界。所谓改造客观世界，就是向自然界、社会这些客体领域进行的挑战，改造主观世界就是向主体自身进行的挑战。改造客观世界和改造主观世界其实是不可分割的。人们改造客观世界的过程同时也是改造主观世界的过程。"自我革命"讲的就是改造主观世界，我们党强调的思想建党、作风建党，强调要自觉改造世界观，从本质上来说都属于"自我革命"，只有通过这种不断的"自我革命"才能真正实现自身跨越，从而达到自我完善和自我提高的目的。

(二) 勇于自我革命是马克思主义政党的本质要求

中国共产党是以马克思主义为指导的工人阶级政党，作为中国工人阶级、中国人民和中华民族的先锋队，她始终代表中国先进生产力的发展要求、代表中国先进文化的前进方向、代表中国最广大人民的根本利益。马克思、恩格斯当年强调指出:“无产阶级的运动是绝大多数人的、为绝大多数人谋利益的独立的运动”,“他们没有任何同整个无产阶级的利益不同的利益”。

代表工人阶级和广大人民群众的利益是工人阶级政党的本质特征,无产阶级政党始终把自己当作工人阶级和广大人民群众求解放、谋利益的工具。利益上的无私是思想政治上无私的基础。是否具有自我革命的精神和勇气,主要取决于这种深层的利益关系。常言说得好——“心底无私天地宽”,只有不被个人利益所束缚才能真正敢于敞开胸怀剖析自己、冲破阻力实现自我革命。习近平总书记说:“我们党之所以有自我革命的勇气,是因为我们党除了国家、民族、人民的利益,没有任何自己的特殊利益。不谋私利才能谋根本、谋大利,才能从党的性质和根本宗旨出发,从人民根本利益出发,检视自己;才能不掩饰缺点、不回避问题、不文过饰非,有缺点克服缺点,有问题解决问题,有错误承认并纠正错误。”

“知己者明,自胜者强。”中国共产党始终是以勇于自我革命和自我改造而著称的,在长期领导我国革命、建设和改革的过程中,党始终秉持“敢于直面问题,勇于自我解剖,向顽瘴痼疾开刀”的坚韧态度和勇气,不掩饰缺点、不回避问题、不文过饰非,有缺点克服缺点,有问题解决问题,有错误承认并纠正错误。这种通过自我解剖和自我革新实现自我完善和自我提高的过程就是自我革命的过程。

革命导师马克思当年就曾经说过，无产阶级革命与其他革命不同之处就在于：它自己批评自己，并靠批评自己壮大起来。列宁也曾说过："一个政党对自己的错误所抱的态度，是衡量这个党是否郑重，是否真正履行它对本阶级和劳动群众所负义务的一个最重要最可靠的尺度。公开承认错误，揭露犯错误的原因，分析产生错误的环境，仔细讨论改正错误的方法——这才是一个郑重的党的标志。"任何一个政党都不可能不犯错误，但是决定一个政党前途命运的不是它犯不犯错误，或犯多大错误，而是犯了错误能不能及时纠正。只要能通过自我剖析、自我革命及时修正错误并能吸取教训继续前进，这个党就有光明的前途和未来。

"无私者，可置以为政。"中国共产党是敢于直面问题、善于不断探索、勇于自我革命的马克思主义政党。在 90 多年的发展历程中，我们党一方面大胆"革"客观世界的"命"，并由此取得了新民主主义革命的胜利和社会主义事业的巨大成功；另一方面又注重"革"主观世界的"命"，先后通过延安整风和各个时期的集中学习教育活动，实现了党自身的不断净化和不断发展。我们党为什么能够在中国各种政治力量的反复较量中脱颖而出并不断发展？党成立后为什么能始终走在时代前列、成为中国人民和中华民族的先锋队和主心骨？原因虽然涉及方方面面，但最根本的一条就在于她始终保持了自我革命精神。始终保持自我革命精神，是中国共产党区别于其他政党的一个显著标志，也是我们党历经艰难曲折、千辛万苦而长盛不衰的一个重要原因。

(三) 发扬自我革命精神是推进党和国家事业发展的重要法宝

“能胜强敌者,先自胜者也。”中国特色社会主义进入新时代,我们党面临的执政环境和执政条件也发生了很大变化,党面临的“四大考验”和“四种危险”愈益复杂而严峻。形势越复杂,挑战越严峻,任务越繁重,我们党就越要高度重视自身建设、越要大力发扬自我革命精神。

习近平总书记强调指出:“有没有强烈的自我革命精神,有没有自我净化的过硬特质,能不能坚持不懈同自身存在的问题和错误作斗争,就成为决定党兴衰成败的关键因素”,“只有努力在革故鼎新、守正出新中实现自身跨越,才能不断给党和人民事业注入生机活力”。发扬自我革命精神是推进党和国家事业发展的重要法宝。

其一,发扬自我革命精神必须筑牢理想信念。习近平总书记指出:“我们党之所以能够经受一次次挫折而又一次次奋起,归根到底是因为我们党有远大理想和崇高追求。”面对当今错综复杂的国内外形势和各种社会思潮,我们的每一位党员尤其是党的各级领导干部,必须把对马克思主义的信仰、对社会主义和共产主义的信念作为毕生追求。只有理想信念坚定、追求执着,自我革命的意志才能坚定,自我解剖、自我净化和自我提高的自觉性才能更加坚定。

其二,发扬自我革命精神必须坚定人民立场。人民立场是中国共产党的根本政治立场。坚持人民立场是我们党的政治本色，也是党保持自身先进性和纯洁性的内在要求。只有坚定不移站在人民立场上、始终保持同人民群众的血肉联系，才能真正敢于并勇于发扬自我革命精神，自觉地同那些漠视群众疾苦、损害群众利益的官僚主义作斗争，确保党和人民的事业不断发展。

其三，发扬自我革命精神必须旗帜鲜明讲政治。习近平总书记指出："讲政治，是我们党补钙壮骨、强身健体的根本保证，是我们党培养自我革命勇气、增强自我净化能力、提高排毒杀菌政治免疫力的根本途径。"全体党员尤其是党的领导干部必须旗帜鲜明地讲政治。党的历史经验告诉我们，什么时候全党讲政治、党内政治生活正常健康，我们党就风清气正、团结统一；反之，就弊病丛生、人心涣散。

其四，发扬自我革命精神必须强化问题意识。"天下之患，莫大于不知其然而然。"自我革命需要找准问题、摸清"病灶"。习近平总书记指出，自我革命本身就是对着问题去的，讳疾忌医是自我革命的天敌。只有敢于正视问题，敢于聚焦"病灶"，以问题为导向，以消除"病灶"为目标，然后认真研究对策，找出破解办法，才能达到药到病除、强身健体的目的。

其五，发扬自我革命精神必须抓好关键少数。抓好领导干部这个"关键少数"是发扬自我革命精神的突破口。习近平总书记指出："全党要以自我革命的政治勇气，着力解决党自身存在的突出问题"，"中央政治局要在开展批评和自我批评方面为全党作表率，做勇于自我革命的战士"。发扬自我革命精神必须充分发挥好党员领导干部的模范带头作用，只有各级领导干部带头以身作则、率先垂范，不怕揭短亮丑，敢于纠错纠偏，才能促使全体党员通过自我革命不断实现党的队伍自我净化和自我革新。

其六，发扬自我革命精神还必须具有刮骨疗毒的勇气。打铁还需自身硬。自我革命是一种面向自我、自身的革命，它需要具备非凡的勇气和魄力。习近平总书记指出："全面深化改革，首先要刀刃向内、敢于自我革命。"对每个党员或党员干部来说，要实现自己战胜自己就必须通过自我革命，必须具备破釜沉舟的决心和刮骨疗毒的勇气。为了进一步推进全面从严治党，我们必须不断发扬自我革命精神，使党在自我革命中实现自我完善和自我提高，永葆党的先进性和纯洁性。

如何理解坚持以人民为中心？

古人说，“得众则得国，失众则失国”，“水能载舟，亦能覆舟”。国家发展的命脉与人民群众的血脉是密不可分的。

当年，毛泽东同志曾经把党群关系比作鱼水关系，他指出：“党群关系好比鱼水关系。如果党群关系搞不好，社会主义制度就不可能建成；社会主义制度建成了，也不可能巩固。”没有水，鱼活不了，而党离开群众，也就不会存在。50多年后，习近平总书记在十八届中央政治局常委同中外记者见面会上说：“人民对美好生活的向往，就是我们的奋斗目标”，“我们一定要始终与人民心心相印、与人民同甘共苦、与人民团结奋斗，夙夜在公，勤勉工作，努力向历史、向人民交一份合格的答卷”。

“心系群众鱼得水，背离群众树断根。”党的十八大以来，以习近平同志为核心的党中央在治国理政过程中牢牢把握以人民为中心的工作导向，始终坚持人民主体地位，维护人民根本利益，使党的建设和中国特色社会主义事业不断焕发出蓬勃生机和活力。关于坚持以人民为中心的发展思想是习近平新时代中国特色社会主义思想的重要内容，是新形势下统筹推进“五位一体”总体布局和协调推进“四个全面”战略布局、实现中华民族伟大复兴中国梦的根本指导思想。

“坚持以人民为中心”是习近平总书记反复强调的一个

重要思想。早在2013年8月19日召开的全国宣传思想工作会议上他就提出“树立以人民为中心的工作导向”重要论断，后来又在文艺工作者座谈会上的讲话中提出了“坚持以人民为中心的创作导向”，在网络安全和信息化工作座谈会上提出了“贯彻以人民为中心的发展思想”，在哲学社会科学工作座谈会上提出了“坚持以人民为中心的研究导向”。“坚持以人民为中心”不仅体现了马克思主义政党的本质要求，而且也是推进中国特色社会主义事业的政治思想保障。

(一) 坚持以人民为中心体现了马克思主义政党的本质属性

古人说：“政之所兴，在顺民心；政之所要，在得民心；政之所废，在逆民心。”中国共产党是以马克思主义为指导思想的工人阶级政党，马克思主义主义政党的本质要求就是要坚持人民群众是历史创造者的唯物史观，坚持全心全意为人民服务的根本宗旨，坚持以人民为中心的工作导向，坚持把人民立场作为党的根本政治立场。习近平总书记指出：“党的根基在人民、党的力量在人民，坚持一切为了人民、一切依靠人民”，“党与人民风雨同舟、生死与共，始终保持血肉联系，是党战胜一切困难和风险的根本保证”，“人民立场是中国共产党的根本政治立场，是马克思主义政党区别于其他政党的显著标志”。如果忘记了人民，脱离了人民，我们党就会成为无源之水、无本之木，就会一事无成。

首先，坚持以人民为中心体现了马克思主义政党的政治本色。马克思主义是中国共产党的指导思想。马克思主义创始人在《共产党宣言》中早就说过："过去的一切运动都是少数人的，或者为少数人谋利益的运动。无产阶级的运动是绝大多数人的、为绝大多数人谋利益的独立的运动。"党除了代表工人阶级和广大人民群众的利益之外，没有自己特殊的利益。习近平总书记指出："始终站在人民大众立场上，一切为了人民、一切相信人民、一切依靠人民，诚心诚意为人民谋利益，这是中国共产党人坚持马克思主义立场的根本要求。"坚持以人民为中心是马克思主义政党的政治本色，也是马克思主义政党保持自身先进性和纯洁性的内在要求。

其次，坚持以人民为中心体现了马克思主义唯物史观的内在要求。党的十八届六中全会通过的《关于新形势下党内政治生活的若干准则》（以下简称《准则》）中指出："全党必须牢固树立人民群众是历史创造者的历史唯物主义观点，站稳群众立场，增进群众感情。"马克思主义唯物史观是工人阶级政党的理论基础。是否始终站在最广大人民的立场上，是唯物史观和唯心史观的分水岭，也是马克思主义政党区别于其他政党的试金石。唯物史观确立了人民群众的社会主体地位，强调人民群众是物质财富和精神财富的创造者，是历史发展和社会变革的决定力量，特别是在社会主义条件下，人民成为国家和社会的主人，人民的主体地位体现得更加充分和彻底。始终坚持以人民为中心是马克思主义唯物史观的内在要求。

第三，坚持以人民为中心体现了党的性质和宗旨的内在灵魂。中国共产党是中国工人阶级的先锋队，也是中国人民和中华民族的先锋队，是中国特色社会主义事业的领导核心，代表中国先进生产力的发展要求，代表中国先进文化的前进方向，代表中国最广大人民的根本利益。党的这一根本性质要求我们党必须坚持全心全意为人民服务的根本宗旨，而党的根本性质和宗旨，又决定了我们党必须始终站在人民立场上，把为人民谋利益、谋幸福作为自己全部活动的出发点和归宿。党的十八届六中全会通过的《准则》强调“必须把坚持全心全意为人民服务的根本宗旨、保持党同人民群众的血肉联系作为加强和规范党内政治生活的根本要求”。始终坚持以人民为中心、确保党同人民群众的血肉联系，不仅是加强和规范党内政治生活的根本要求，而且也是新形势下加强全面从严治党、推进党的建设新的伟大工程的坚强保障。

第四，坚持以人民为中心体现了党的群众路线的基本要求。我们党在长期实践中形成了一切为了群众、一切依靠群众，从群众中来、到群众中去的群众路线。群众路线是我们党的生命线和根本工作路线，是我们党永葆青春活力和战斗力的重要传家宝。我们党的最大政治优势就是密切联系群众，党执政后最大的危险就是脱离群众。党能不能始终坚持以人民为中心、能不能始终保持同人民群众的血肉联系，这是关系党的生死存亡的根本性、原则性问题。坚持党的群众路线要求我们必须站在人民立场上，始终保持党同人民群众的血肉联系，始终接受人民群众批评和监督，心中常思百姓疾苦，脑中常谋富民之策，使我们党永远赢得人民群众信任与拥护，使我们的事业始终拥有不竭的力量源泉。

(二) 坚持以人民为中心是推进中国特色社会主义事业的本质要求

“得众则得国，失众则失国。”党的十八届六中全会指出：“我们党来自人民，失去人民拥护和支持，党就会失去根基。”习近平总书记也强调指出：“我们要始终把人民立场作为根本政治立场，把人民利益摆在至高无上的地位，不断把为人民造福事业推向前进。”我们党走过的90多年的历程充分说明，坚持以人民为中心、始终保持党同人民群众的血肉联系是我们党战胜一切艰难险阻、取得革命建设和改革事业不断胜利的根本保证。

首先，坚持以人民为中心是党领导我国革命建设和改革不断取得胜利的基本经验。习近平总书记在纪念长征胜利80周年大会上的讲话中指出：“中国共产党之所以能够发展壮大，中国特色社会主义之所以能够不断前进，正是因为依靠了人民。中国共产党之所以能够得到人民拥护，中国特色社会主义之所以能够得到人民支持，也正是因为造福了人民。”坚持以人民为中心、代表人民利益，是我们党领导人民取得革命胜利、建设和改革成功的力量源泉。党在领导中国革命、建设和改革的伟大实践中，不论所处的历史方位、所担负的历史任务发生怎样的变化，坚持以人民为中心这一根本原则始终没有变。无论是新民主主义革命时期、社会主义改造时期、社会主义建设时期，还是改革开放和社会主义现代化建设新的历史时期，我们党都始终坚持了以人民为中心、坚持了人民立场，始终把人民作为革命、建设和改革的主体，充分调动了人民群众的积极性和创造性，使党的事业、国家的事业与人民群众自己的事业有机统一在一起。习近平总书记说："我们党来自人民、植根人民、服务人民，党的根基在人民、血脉在人民、力量在人民。失去了人民的拥护和支持，党的事业和工作就无从谈起"，"能否保持党同人民群众的血肉联系，决定着党的事业的成败"。始终保持党同人民群众的血肉联系、始终坚持以人民为中心的工作导向、始终代表人民利益，是党领导我国革命建设和改革事业不断取得胜利的一条重要经验。

其次，坚持以人民为中心是党带领人民推进中国特色社会主义事业的动力源泉。在社会主义条件下，党和人民群众的利益从根本上来说是一致的，事业是一致的，立场也是一致的。坚持和发展中国特色社会主义，是我们党和人民的共同理想、共同事业。作为中国特色社会主义事业领导核心的中国共产党，要完成团结带领全国各族人民发展中国特色社会主义、全面建成小康社会进而把我国建设成富强民主文明和谐的社会主义现代化国家这一崇高历史使命，就必须始终坚持以人民为中心的发展思想，通过统筹推进"五位一体"总体布局和协调推进"四个全面"战略布局，实现"两个一百年"奋斗目标，实现中华民族伟大复兴的中国梦。党的十八届六中全会要求"全体党员特别是领导干部必须提高做群众工作能力，既服务群众又带领群众坚定不移贯彻落实党的理论和路线方针政策，把党的主张变为群众的自觉行动"。始终坚持以人民为中心是贯彻落实党的路线方针政策、带领人民推进中国特色社会主义事业的动力源泉。

第三，坚持以人民为中心是党调动最广大人民积极性和创造性的可靠保障。党的事业是人民群众自己的事业，建设和发展中国特色社会主义必须依靠最广大人民群众，必须充分调动最广大人民群众的积极性、主动性和创造性。习近平总书记指出："为什么人、靠什么人的问题，是检验一个政党、一个政权性质的试金石。我们要始终把人民立场作为根本政治立场，把人民利益摆在至高无上的地位，不断把为人民造福事业推向前进。"人民是一个政治概念，在不同历史时期有着不同的具体内涵。在当代中国，人民指的就是全体社会主义劳动者、社会主义事业建设者、拥护社会主义的爱国者和拥护祖国统一的爱国者，包括工人、农民、知识分子和其他社会阶层人士。工人阶级是我国的领导阶级，是先进生产力和生产关系的代表，是我们党最坚实最可靠的阶级基础，是坚持和发展中国特色社会主义的主力军；农民是工人阶级的可靠同盟军，是社会主义现代化建设必须依靠的基本力量；知识分子是工人阶级的一部分，是先进生产力的开拓者，在改革开放和现代化建设中发挥着重要作用；其他新社会阶层人士在发展中国特色社会主义事业过程中的作用也不可忽视。我们党只有始终坚持以人民为中心、不断调动最广大人民群众的积极性主动性和创造性，始终与人民心心相印、与人民同甘共苦、与人民团结奋斗，中国特色社会主义事业才能永葆生机和活力。

(三)新形势下始终坚持以人民为中心的基本要求

在纪念中国共产党成立95周年大会上的讲话中,习近平总书记要求全党"坚持不忘初心、继续前进,就要坚信党的根基在人民、党的力量在人民,坚持一切为了人民、一切依靠人民,充分发挥广大人民群众积极性、主动性、创造性,不断把为人民造福事业推向前进"。在新的历史条件下,面对党所面临的"四大考验"和"四种危险",怎样才能始终做到坚持一切为了人民、一切依靠人民,如何更好地坚持以人民为中心呢?这是当代中国共产党人必须解决的重大课题,也是当代中国共产党人必须勇于担当的崇高历史使命。

其一,坚持以人民为中心必须把人民放在心中最高位置。"国以民为本,社稷亦为民而立。"在推进党的工作的过程中,必须把人民放在心中最高位置,必须以最广大人民的根本利益为最高标准。习近平总书记多次说过:"作为国家领导人,人民把我放在这样的工作岗位上,我就要始终把人民放在心中最高的位置","在任何时候任何情况下,与人民同呼吸共命运的立场不能变,全心全意为人民服务的宗旨不能忘"。把人民放在心中最高位置,就是要时时为人民着想,处处为人民谋利,全心全意为人民群众排忧解难;把人民放在心中最高位置,就必须坚持全心全意为人民服务的根本宗旨,把人民拥护不拥护、赞成不赞成、高兴不高兴、答应不答应作为衡量一切工作得失的根本标准,把实现好、维护好、发展好最广大人民的根本利益作为一切工作的出发点和落脚点。党只有把人民放在心中最高位置、把人民的安危冷暖放在心上，始终与人民心心相印、与人民同甘共苦、与人民团结奋斗，才能始终走在时代前列，推进先进生产力和先进文化不断向前发展。

其二，坚持以人民为中心必须把人民利益放在首位。“治国有常，而利民为本。”利益关系是人类社会最基本的关系，也是社会发展的重要动力。马克思主义创始人明确说过，人们奋斗所追求的一切，都与他们的切身利益有关。马克思指出：“思想一旦离开利益，就会使自己出丑。”无产阶级政党与其他政党的本质区别不在于承认不承认、追求不追求利益，而在于承认谁的利益、追求谁的利益。无产阶级政党是为绝大多数人谋利益的政党。坚持以人民为中心是一个以实现维护和发展人民根本利益为具体内容的实践过程，只有使人民根本利益得到实现和维护，人民立场和人民主体地位才能得到有效保障。习近平总书记指出：“党的一切工作，必须以最广大人民根本利益为最高标准。检验我们一切工作的成效，最终都要看人民是否真正得到了实惠，人民生活是否真正得到了改善，人民权益是否真正得到了保障。”民生连着民心，民心凝聚民力。我们强调坚持以人民为中心，关键是要真正做到从群众的现实需要出发，站在群众的角度思考问题，真诚倾听群众呼声，真实反映群众愿望，真情关心群众疾苦，依法保障人民群众的各项权益，努力实现好维护好发展好最广大人民的根本利益。

其三，坚持以人民为中心必须尊重人民主体地位。“民者，国之根也。”尊重人民主体地位、保证人民当家作主，是社会主义民主政治的本质和核心，也是我们党的一贯主张。习近平总书记反复强调，要“坚持人民主体地位，发挥人民首创精神，着力解决好人民群众最关心最直接最现实的利益问题，不断让人民得到实实在在的利益”。人民是国家的主人，人民民主是社会主义的生命，没有民主就没有社会主义，更没有社会主义现代化。坚持以人民为中心和人民主体地位必须坚定不移走中国特色社会主义政治发展道路，坚持党的领导、人民当家作主和依法治国的有机统一，切实保证人民群众广泛参加国家治理和社会治理。党的十八届六中全会要求广大党员领导干部必须“贯彻党的群众路线，做到一切为了群众，一切依靠群众，从群众中来，到群众中去，为群众办实事、解难事，当好人民公仆”，要“坚持问政于民、问需于民、问计于民，决不允许在群众面前自以为是、盛气凌人，决不允许当官做老爷、漠视群众疾苦，更不允许欺压群众、损害和侵占群众利益”，这是我们党在新的历史条件下坚持以人民为中心、尊重人民主体地位的具体要求。

其四，坚持以人民为中心必须坚持带领人民创造幸福生活。古人曰：“乐民之乐者，民亦乐其乐；忧民之忧者，民亦忧其忧。”我们追求的发展是造福人民的发展，我们追求的富裕是全体人民的共同富裕。习近平总书记指出：“我们的人民热爱生活，期盼有更好的教育、更稳定的工作、更满意的收入、更可靠的社会保障、更高水平的医疗卫生服务、更舒适的居住条件、更优美的环境，期盼着孩子们能成长得更好、工作得更好、生活得更好。人民对美好生活的向往，就是我们的奋斗目标”，“中国梦是民族的梦，也是每个中国人的梦”，但

“归根到底是人民的梦，必须紧紧依靠人民来实现，必须不断为人民造福”。坚持以人民为中心必须把为人民创造幸福作为我们党始终不渝的奋斗目标，积极顺应人民群众对美好生活的向往和期待，始终坚持以人民为中心的发展思想，把增进人民福祉、促进人的全面发展作为发展的出发点和落脚点，使改革发展成果更多地惠及全体人民，努力朝着实现全体人民共同富裕的目标稳步迈进。

其五，坚持以人民为中心必须从人民群众实践中汲取智慧和力量。党领导人民推进中国特色社会主义伟大事业，每时每刻都会遇到许多新情况新问题，应对和解决这些新情况新问题不可能从老祖宗那里找到现成答案，必须从广大人民群众的伟大实践中汲取智慧和力量。人民群众的实践活动是取之不尽、用之不竭的力量源泉。习近平总书记指出：“人民群众有着无尽的智慧和力量，只有始终相信人民，紧紧依靠人民，充分调动广大人民的积极性、主动性、创造性，才能凝聚起众志成城的磅礴之力。”坚持以人民为中心就必须按照党的十八届六中全会指出的“各级领导干部必须深入实际、深入基层、深入群众，多到条件艰苦、情况复杂、矛盾突出的地方解决问题，千方百计为群众排忧解难”的要求去做，深入群众进行广泛的调查研究，勇于拜人民群众为师，同时又要善于从人民群众的实践中总结提炼经验，从人民群众的伟大实践中汲取智慧和力量，确保中国特色社会主义伟大事业始终沿着正确的方向前进。

总之，坚持以人民为中心是中国共产党人的根本政治立场和根本政治态度。在新的历史条件下，始终坚持以人民为中心、代表人民根本利益是历史赋予当代中国共产党人的重大历史使命。要完成这一重大使命，必须牢固确立人民主体地位，尊重人民首创精神，始终坚持以人民为中心的发展思想，不断增进人民福祉，促进人的全面发展，团结带领全体人民为实现“两个一百年”奋斗目标、实现中华民族伟大复兴的中国梦而不懈奋斗。

为什么必须坚持辩证唯物主义和历史唯物主义世界观和方法论？

哲学这个词源于希腊文“Φιλοσοφία”，从字面上看就是“爱智慧”的意思。

任何真正的哲学都是自己时代精神的精华。当年毛泽东同志曾经说要“让哲学从哲学家的课堂上和书本里解放出来，变为群众手里的尖锐武器”。中国特色社会主义进入新时代，习近平总书记也强调“必须不断接受马克思主义哲学智慧的滋养，更加自觉地坚持和运用辩证唯物主义世界观和方法论”。在庆祝改革开放 40 周年大会上的讲话中，习近平总书记再次强调指出：“必须坚持辩证唯物主义和历史唯物主义世界观和方法论，正确处理改革发展稳定关系。”辩证唯物主义和历史唯物主义世界观和方法论是我们正确处理改革开放重大关系、分析和解决新时代中国特色社会主义重大问题的一把“金钥匙”。

（一）坚持用辩证唯物主义世界观和方法论分析解决改革发展问题

辩证唯物主义是马克思主义哲学的重要组成部分。习近平总书记在主持中央政治局第 20 次集体学习时强调指出，辩证唯物主义是中国共产党人的世界观和方法论，我们必须更加自觉地坚持和运用辩证唯物主义世界观和方法论，增强辩证思维、战略思维能力，努力提高解决我国改革发展基本问题的本领。

坚持运用世界统一于物质原理，正确认识当代中国基本国情。辩证唯物主义关于世界物质统一性原理要求我们，必须在实际工作中自觉坚持一切从实际出发、理论联系实际，坚决反对主观主义和本本主义。习近平总书记指出："本本是对实际事物研究、抽象的结果，不能成为研究问题和作决策的出发点，出发点只能是客观实际"，必须"坚持从客观实际出发制定政策、推动工作"。坚持从客观实际出发要求全党必须"牢牢把握社会主义初级阶段这个基本国情，牢牢立足社会主义初级阶段这个最大实际，牢牢坚持党的基本路线这个党和国家的生命线、人民的幸福线"；与此同时，坚持从客观实际出发还必须正确把握"中国特色社会主义进入新时代"这一我国发展新的历史方位，正确认识和把握"我国社会主要矛盾已经转化为人民日益增长的美好生活需要和不平衡不充分的发展之间的矛盾"。习近平总书记对当代中国基本国情和时代发展特征的认识和把握充分体现了他自觉运用世界物质统一性原理认识问题和分析问题的科学思想方法。

坚持运用矛盾运动原理，准确把握矛盾分析方法。习近平总书记多次强调要学习掌握唯物辩证法矛盾运动的基本原理，准确把握矛盾分析方法。他强调既要讲两点论，又要讲重点论，既要注重总体谋划，又要注重牵住"牛鼻子"；要坚持发展地而不是静止地、全面地而不是片面地、系统地而不是零散地、普遍联系地而不是单一孤立地观察事物，妥善处理各种重大关系；强调要善于处理局部和全局、当前和长远、重点和非重点的关系，在权衡利弊中趋利避害、作出最为有利的战略抉择；强调在全面深化改革过程中必须突出改革的系统性、整体性、协同性，使改革成果更多更公平惠及全体人民。

坚持实践第一观点，自觉把握实践检验真理方法。习近平总书记指出，“要学习掌握认识和实践辩证关系的原理”，“坚持在实践中检验真理和发展真理”。理论来源于实践，但科学理论形成之后又对实践产生重要指导作用，对人们从事新的实践活动提供必要的理论指导，为此，我们“必须高度重视理论的作用，增强理论自信和战略定力，对经过反复实践和比较得出的正确理论，要坚定不移坚持”。中国共产党始终把思想建设放在党的建设重要位置，强调“革命理想高于天”，这实际上就是在强调思想、理论对实践的巨大反作用。理论与实践是辩证统一的，“要根据时代变化和实践发展，不断深化认识，不断总结经验，不断实现理论创新和实践创新良性互动，在这种统一和互动中发展 21 世纪中国的马克思主义”。

（二）坚持用历史唯物主义世界观和方法论分析解决改革发展问题

中国特色社会主义进入新时代，“只有坚持历史唯物主义，我们才能不断把对中国特色社会主义规律的认识提高到新的水平，不断开辟当代中国马克思主义发展新境界”。

坚持社会存在与社会意识关系原理，不断增强意识形态领域主导权和话语权。社会存在决定社会意识，社会意识形成后又对社会存在具有能动的反作用。我们党现阶段提出的理论和路线方针政策之所以能正确引领社会实践发展就是因为它们都是以当代社会存在为基础的。习近平总书记指出“经济建设是党的中心工作，意识形态工作是党的一项极端重要的工作”，要求我们在集中精力进行经济建设的同时，一刻也不能放松和削弱意识形态工作。他在党的十九大报告中强调“必须坚持马克思主义，牢固树立共产主义远大理想和中国特色社会主义共同理想，培育和践行社会主义核心价值观，不断增强意识形态领域主导权和话语权”，强调“用新时代中国特色社会主义思想武装全党”，所有这些都是对社会意识相对独立性和反作用原理的自觉运用和发展。

坚持社会基本矛盾原理，掌握社会基本矛盾分析方法。社会主义社会的基本矛盾仍然是生产关系和生产力、上层建筑和经济基础之间的矛盾。在全面深化改革中，一方面，“我们要坚持发展仍是解决我国所有问题的关键这个重大战略判断，使市场在资源配置中起决定性作用和更好发挥政府作用，推动我国社会生产力不断向前发展，推动实现物的不断丰富和人的全面发展的统一”。另一方面，我们必须在坚持社会主义制度的前提下，不断改革生产关系和上层建筑中那些不适应生产力发展的体制机制弊端。为此，习近平总书记要求全党必须“学习和掌握社会基本矛盾分析法”，“准确把握全面深化改革的重大关系”，“只有把生产力和生产关系的矛盾运动同经济基础和上层建筑的矛盾运动结合起来观察，把社会基本矛盾作为一个整体来观察，才能全面把握整个社会的基本面貌和发展方向”，“只有既解决好生产关系中不适应的问题，又解决好上层建筑中不适应的问题，这样才能产生综合效应”。

坚持人民群众是历史创造者的观点，不断满足人民日益增长的美好生活需要。党的十八大以来，以习近平同志为核心的党中央始终把“人民对美好生活的向往”作为奋斗目标，强调“党的一切工作，必须以最广大人民根本利益为最高标准”。习近平总书记提出“坚持以人民为中心的发展思想”，强调“实现好、维护好、发展好最广大人民根本利益是发展的根本目的，必须把增进人民福祉、促进人的全面发展作为发展的出发点和落脚点”。我们党始终不渝的奋斗目标就是带领人民创造幸福生活，“使改革发展成果更多更公平惠及全体人民，朝着实现全体人民共同富裕的目标稳步迈进”。

(三) 坚持用辩证唯物主义和历史唯物主义方法论分析解决改革发展问题

马克思主义哲学是世界观和方法论的辩证统一，正确的世界观教给人们科学认识世界和改造世界的基本观点和原则，正确的方法论教给人们科学认识世界与改造世界的思想方法和工作方法。习近平总书记指出：“现在的领导干部不少人受过专业训练，不缺乏专门知识，但其中的很多人不懂哲学，不善于辩证思考，很需要在思想方法和工作方法上提高一步。”

坚持以实事求是为核心的思想方法。实事求是是马克思主义的精髓，是中国共产党人的重要思想方法。习近平总书记指出：实事求是作为党的思想路线，“始终是中国共产党人认识世界和改造世界的根本要求，是我们党的基本思想方法、工作方法和领导方法，是党带领人民推动中国革命、建设、改革事业不断取得胜利的重要法宝”。党的历史反复证明，坚持实事求是，就能兴党兴国；违背实事求是，就会误党误国。为此，习近平总书记强调“各级领导干部要把实事求是贯彻到领导工作全过程，自觉做坚持实事求是的表率”。客观实际是不断发展变化的，我们对客观事物及其规律的认识也是不断深化的。当今中国已进入中国特色社会主义新时代，随着世情、国情和党情不断发生新变化，我们在前进过程中随时会遇到各种难以预见的矛盾和问题，“各级领导干部要继续解放思想、坚持实事求是，以科学态度对待马克思主义，用发展着的马克思主义指导新的实践”。

坚持以群众路线为核心的领导方法。群众路线是党的根本工作路线，也是党的根本领导方法和工作方法。我们党在长期革命实践中形成了一切为了群众、一切依靠群众和从群众中来、到群众中去的群众路线。关于群众路线方法，毛泽东同志在为中央起草的《关于领导方法的若干问题》一文中曾经作过精辟概括，他指出，凡属正确的领导，必须是从群众中来，到群众中去，即将群众的意见集中起来，又到群众中去做宣传解释，使群众坚持下去，并在群众行动中考验这些意见是否正确。如此无限循环，一次比一次更正确、更生动、更丰富。在中国特色社会主义新时代，我们必须继续坚持党的群众路线方法，始终依靠人民推动历史前进。

坚持问题导向为核心的工作方法。问题导向方法是习近平总书记反复倡导的工作方法。习近平总书记指出："问题是事物矛盾的表现形式，我们强调增强问题意识、坚持问题导向，就是承认矛盾的普遍性、客观性，就是要善于把认识和化解矛盾作为打开工作局面的突破口。我们党领导人民干革命、搞建设、抓改革，从来都是为了解决中国的现实问题。"在新的历史条件下，我们必须继续"不断强化问题意识，积极面对和化解前进中遇到的矛盾"。坚持问题导向方法，一要善于发现问题，二要敢于直面问题，三要学会科学分析问题，四要学会正确解决问题。坚持问题导向方法不可能一劳永逸，实践、认识、再实践、再认识，这是我们认识事物的客观规律，也是解决问题的根本法则。

当代青年为什么必须不断增强辩证思维能力？

俗话说："工欲善其事，必先利其器。"辩证思维能力是帮助大家提高自身水平和能力的一项基本功。在现实生活中，一些青年朋友可能缺乏"会当凌绝顶，一览众山小"的思维高度，缺乏"落叶知秋，见木知林"的思维深度，缺乏"登高望远，极目楚天舒"的思维广度，从根本上讲就是缺乏唯物辩证法所要求的辩证思维能力。新时代青年只有通过自觉提升辩证思维能力，才能使自己的思维多一点深刻、少一点肤浅，多一点全面、少一点片面，多一点远见、少一点短视。

习近平总书记在主持中央政治局第 20 次集体学习时强调指出，辩证唯物主义是中国共产党人的世界观和方法论，我们党要团结带领人民协调推进全面建成小康社会、全面深化改革、全面依法治国、全面从严治党，实现"两个一百年"奋斗目标，实现中华民族伟大复兴的中国梦，必须不断接受马克思主义哲学智慧的滋养，更加自觉地坚持和运用辩证唯物主义世界观和方法论，增强辩证思维、战略思维能力，努力提高解决我国改革发展基本问题的本领。

青年是祖国的未来、民族的希望，也是我们党的未来和希望。广大青年要勇敢肩负起时代赋予的重任，在实现中华民族伟大复兴中国梦的生动实践中放飞青春梦想，就必须树立马克思主义科学世界观和方法论，努力提升自己的辩证思维能力。

(一) 辩证思维是马克思主义哲学的根本方法

马克思主义哲学是辩证唯物主义和历史唯物主义世界观和方法论的辩证统一，正确的世界观教给人们科学认识世界和改造世界的基本观点和原则，正确的方法论教给人们科学认识世界与改造世界的思想方法和工作方法。具体到治国理政的战略大局来说，马克思主义哲学世界观帮助我们认识和把握方向、任务和目标，马克思主义哲学方法论帮助我们解决实现任务和目标的“桥”和“船”的问题。

毛泽东同志早就说过：“我们不但要提出任务，而且要解决完成任务的方法问题。我们的任务是过河，但是没有桥或没有船就不能过。不解决桥或船的问题，过河就是一句空话。不解决方法问题，任务也只是瞎说一顿。”这里用过河要有桥或船作形象比喻，生动而又深刻地说明了方法论对于完成任务和做好工作的极端重要性。

习近平总书记在治国理政过程中高度重视方法论问题，他多次要求全党要“更加自觉地坚持和运用辩证唯物主义世界观和方法论”，“学习掌握唯物辩证法的根本方法，不断增强辩证思维能力，提高驾驭复杂局面、处理复杂问题的本领”。

辩证思维指的是人们自觉运用唯物辩证法分析问题和解决问题的科学思维方式，是马克思主义哲学的根本方法。

马克思主义唯物辩证法告诉我们,世界万事万物都是相互联系和不断发展的。联系是一切事物、现象和过程所共有的客观、普遍的本性,任何事物都不是孤立存在的。整个世界是一个相互联系、相互依存的统一体,每一具体事物都是这个统一体上的一个"环节"或"链条"。正是客观世界的这种相互联系和相互作用构成了事物的运动和发展。联系和发展的观点是唯物辩证法最基本的观点。唯物辩证法还认为,对立统一规律、量变质变规律、否定之否定规律是事物发展的最基本规律。在这三大基本规律中,对立统一规律由于揭示了普遍联系的本质内容和发展变化的根本源泉,因而被称为唯物辩证法的实质和核心,由对立统一规律概括出的矛盾分析方法是我们认识世界和改造世界的根本方法。

辩证思维是唯物辩证法在人们思维中的运用,是客观辩证法在思维中的反映。联系、发展的观点是辩证思维的基本观点,它要求我们在认识和分析问题时,必须以联系和发展的眼光来看问题,防止以孤立和静止的形而上学观点来看问题。唯物辩证法的基本规律即对立统一规律、质量互变规律和否定之否定规律,其实也是辩证思维的基本规律。

人们自觉运用辩证思维方式来分析和处理问题的能力叫辩证思维能力。习近平总书记指出:"辩证思维能力,就是承认矛盾、分析矛盾、解决矛盾,善于抓住关键、找准重点、洞察事物发展规律的能力。"这段话清楚地阐明了辩证思维能力的科学内涵及其基本要求。

首先,辩证思维要求我们在认识和分析问题时必须"承认矛盾、分析矛盾、解决矛盾",即坚持唯物辩证法的"两点论”。马克思主义唯物辩证法原理既然承认世间万物都处在一个普遍联系和不断发展的矛盾统一体中，那么我们在认识世界和改造世界的过程中，就必须自觉地坚持“两点论”，首先承认矛盾，正视矛盾的客观存在，然后对矛盾进行客观分析，揭示矛盾的内在规律性，进而找出解决矛盾的方法和途径。

其次，辩证思维要求我们在承认矛盾和分析矛盾的基础上必须“抓住关键、找准重点、洞察事物发展规律”，即坚持唯物辩证法的“重点论”。马克思主义唯物辩证法告诉我们，只认识到矛盾、正视矛盾还不是目的，坚持“两点论”是为了从“两点”中抓住关键、找出重点。只有善于从“两点”中把握“重点”，才能分清事务的轻重缓急，洞察事物的发展规律，找出解决问题的基本路径。

最后，辩证思维还要求我们必须坚持“两点论”与“重点论”的辩证统一。这就是说，我们认识任何事物都要从两点论出发，坚持用矛盾分析的方法来认识和分析问题，既看到现象又看到本质，既看到原因又看到结果，既看到必然又看到偶然，既看到机遇又看到挑战，既看到成绩又看到困难，只有这样才能确保认识的全面性，防止片面性；与此同时，辩证思维又要求我们必须善于在众多矛盾中找出主要矛盾，在每一矛盾的两方面中找出矛盾的主要方面，具体到实际工作当中就是，既善于把握全局又善于找准重点，既强调全面推进又强调重点突破。只有做到两方面有机结合，才能确保各项工作全面、协调、可持续发展。

(二) 提高辩证思维能力是我们正确认识世界和改造世界的一项基本功

恩格斯说过:“一个民族要想站在科学的高峰,就一刻也不能没有理论思维。”辩证思维是理论思维的一种主要表现形式,一个缺乏辩证思维能力的民族,不可能自立于世界先进民族之林。

我们不能忘记,正是因为我们在一个时期中没能正确处理好人与自然的辩证关系,结果造成了日益严重的环境污染和生态恶化;因为没能正确处理好物质文明和精神文明的辩证关系,结果造成了社会道德的严重失范和精神滑坡;因为没能正确处理好追求共产主义远大理想与坚持党在现阶段基本纲领的辩证关系,结果造成部分党员干部丢掉了远大理想,患上了精神“缺钙症”。所有这些严重后果的产生,无一不是因为缺乏辩证思维能力所致。“蔑视辩证法是不能不受惩罚的”,恩格斯的这句至理名言至今仍具有振聋发聩的作用。

当前,我们党正在团结带领全体人民为实现“两个一百年”奋斗目标、实现中华民族伟大复兴的中国梦而不懈奋斗。在新的历史条件下,自觉学会辩证思维、提高辩证思维能力是加快推进新时代中国特色社会主义事业的基本要求。

习近平总书记指出:“我们的事业越是向纵深发展,就越要不断增强辩证思维能力。当前,我国社会各种利益关系十分复杂,这就要求我们善于处理局部和全局、当前和长远、重点和非重点的关系，在权衡利弊中趋利避害、作出最为有利的战略抉择。”推进新时代中国特色社会主义伟大事业是一项复杂的系统工程，不仅涉及经济、政治、文化、社会和生态建设的方方面面，而且涉及正确处理人与自然、人与社会、人与环境以及人与人之间的复杂关系，这就要求我们必须学会运用唯物辩证法，学会从多方面、多视角、多层次、多因素入手来分析问题和解决问题。而要做到这一点就必须提高辩证思维能力。正像习近平总书记所指出的那样，我们提出要协调推进全面建成小康社会、全面深化改革、全面依法治国、全面从严治党，这是当前党和国家事业发展中必须解决好的主要矛盾。我们既要注重总体谋划，又要注重牵住“牛鼻子”。在任何工作中，我们既要讲两点论，又要讲重点论，没有主次，不加区别，眉毛胡子一把抓，是做不好工作的。辩证思维能力是帮助我们正确认识世界和改造世界的一项基本功。

(三) 提高辩证思维能力的基本途径

一个人的辩证思维能力既不是天生就有的，也不是后天自然形成的，必须通过认真学习和刻苦实践、运用才能逐步形成。具体来说，提高辩证思维能力需要从以下几个方面下真功夫。

加强理论学习，是提高辩证思维能力的重要途径。辩证思维能力的理论基础就是马克思主义的唯物辩证法。学好马克思主义理论尤其是唯物辩证法的基本原理和方法，是提高领导干部辩证思维能力的重要途径。习近平总书记指出："现在的领导干部不少人受过专业训练,不缺乏专门知识,但其中的很多人不懂哲学,不善于辩证思考,很需要在思想方法和工作方法上提高一步。建议大家在学习原著的时候,读一些马克思主义哲学基本著作,掌握科学的世界观和方法论,不断增强工作的原则性、系统性、预见性、创造性。"领导干部如此,广大青年更是如此,只有学习并掌握马克思主义唯物辩证法的基本原理和方法,才能学会自觉运用马克思主义立场、观点、方法来观察问题、分析问题和解决问题。加强理论学习是提高辩证思维能力的重要途径。

注重实践锻炼,是提高辩证思维能力的现实途径。古人云:"纸上得来终觉浅,绝知此事要躬行。"社会实践是提高辩证思维能力的大课堂,也是锻炼和检验是否具有辩证思维能力的现实路径。中国有一句老话:"不入虎穴,焉得虎子。"这句话对于人们的实践活动来说是真理,对于提高人们的辩证思维能力来说也同样是真理。提高辩证思维能力,只有通过社会实践才能真正实现,正如当年毛泽东同志所说的那样,你要有知识,你就得参加变革现实的实践;你要知道梨子的滋味,你就得变革梨子,亲口吃一吃。一切真知都是从直接经验发源的,离开实践的认识是不可能的。通过理论学习虽然可以提高辩证思维能力,但真正使这种能力得到巩固和提高,还必须靠在实践中艰苦锻炼甚至长期磨练才能实现。

中国共产党的创始人李大钊同志早就说过,青年要"为世界进文明,为人类造幸福,以青春之我,创建青春之家庭,青春之国家,青春之民族,青春之人类,青春之地球,青春之宇宙，资以乐其无涯之生”。中国特色社会主义进入新时代，当代青年要完成历史和时代赋予自己的历史使命，就必须不断增强自己的辩证思维能力，自觉学会运用马克思主义立场、观点和方法认识世界和改造世界，努力在实现中华民族伟大复兴中国梦的生动实践中放飞青春梦想。

当代青年怎样为实现中华民族伟大复兴中国梦贡献智慧和力量?

青年兴则国家兴,青年强则国家强。青年一代有理想、有本领、有担当,国家就有前途,民族就有希望。中国梦是历史的、现实的,也是未来的;是我们这一代的,更是青年一代的。中华民族伟大复兴的中国梦终将在一代代青年的接力奋斗中变为现实。

回顾我国近代以来的历史发展进程可以发现,我国青年始终站在时代前列追求美好梦想,在民族复兴、振兴中华的历史进程中谱写壮丽诗篇。在革命战争年代,广大青年满怀革命理想,为争取民族独立、人民解放冲锋陷阵、抛洒热血;在社会主义革命和建设时期,广大青年保卫祖国,建设祖国,在新中国的广阔天地忘我劳动、艰苦创业;在改革开放新时期,广大青年积极投身改革大潮,为祖国繁荣富强开拓奋进、锐意创新。历史和现实告诉我们,青年一代是党和人民事业的生力军,是实现中华民族伟大复兴中国梦的强大力量。

为实现中华民族伟大复兴的中国梦而奋斗,是当代中国青年运动的时代主题。习近平总书记结合当今时代特点和中国特色社会主义实践要求,明确提出了全面建成小康社会、全面深化改革、全面依法治国、全面从严治党的“四个全面”战略布局。实现“四个全面”战略布局,广大青年责无旁贷。播种梦想、点燃梦想、实现梦想，是时代赋予当代青年的神圣使命；敢于有梦、勇于追梦、勤于圆梦，是历史赋予当代青年的责任担当！

长江后浪推前浪，一代更比一代强。面对“两个一百年”奋斗目标，面对“四个全面”战略布局，面对实现中华民族伟大复兴中国梦的美好前景，广大青年必须勇敢肩负起时代赋予的重任，志存高远，脚踏实地，努力在加快发展中国特色社会主义和实现中华民族伟大复兴中国梦的实践中放飞青春梦想。

(一) 立志：坚定理想信念

理想指引人生方向，信念决定事业成败。人的理想信念是人生目的的最高体现，也是人生发展的内在动力。习近平总书记说得好，没有理想信念，就会导致精神上“缺钙”，而一个精神上“缺钙”的人是不可能承担时代所赋予的历史重任的。

有理想就有人生的精神动力，有信念就能开辟美好未来。中国梦是全国各族人民的共同理想，也是青年一代应该牢固树立的科学梦想。中国特色社会主义是我们党带领人民历经千辛万苦找到的实现中国梦的正确道路，也是当代青年应该牢固确立的人生信念。

习近平总书记告诫我们，科学的理想信念必须建立在对科学理论的理性认同上，建立在对历史规律的正确认识上，建立在对基本国情的准确把握上。中国特色社会主义道路、理论、制度，是我们党和人民经过几十年艰苦奋斗创造积累的根本成就。中国特色社会主义，既坚持了科学社会主义基本原则，又根据时代条件赋予其鲜明中国特色。实践证明，只有社会主义才能救中国，只有中国特色社会主义才能发展中国。当代青年必须牢固树立中国特色社会主义共同理想，为实现中华民族伟大复兴的中国梦而不懈奋斗。

古人说得好："三军可夺帅也，匹夫不可夺志也"，"志当存高远"。一个人的理想志愿只有同国家的前途、民族的命运相结合才有价值，一个人的信念追求只有同社会的需要和人民的利益相一致才有意义。今天我们要求青年一代坚定理想信念，就是要以实现中华民族伟大复兴的中国梦为神圣使命，把自己的命运与国家和民族的命运紧密联系在一起，将个人的追求融入中华民族实现伟大复兴的实践历程。

（二）勤学：练就过硬本领

学习是成长进步的阶梯，实践是提高本领的途径。青年人的素质和本领直接影响着"两个一百年"目标的实现，影响着"四个全面"战略布局的实施，影响着中华民族伟大复兴中国梦的进程。

古人曰"学如弓弩，才如箭镞"，说的就是学问的根基好比弓弩，才智好比箭头，只有靠扎实厚重的学问来引导，才能使聪明才智发挥更大的作用。习近平总书记指出，青年人正处于学习的黄金时期，应该把学习作为首要任务，作为一种责任、一种精神追求、一种生活方式，树立梦想从学习开始、事业靠本领成就的观念，让勤奋学习成为青春远航的动力，让增长本领成为青春搏击的能量。

人生与学习不可分离，尤其是在知识更新日趋加速的今天，人们要想跟上时代发展的步伐，就必须不断学习。英国哲学家培根有句名言："知识就是力量。"我国先哲们也说过，"玉不琢，不成器，人不学，不知义"，"非学无以广才，非志无以成学"，"人有知学，则有力矣"，"学而不已，阖棺乃止"。所有这些都说明了学习知识、增长才干的重要性。

青年代表着民族的希望，代表着国家的未来。为了完成时代赋予自己的历史重任，广大青年必须努力从我国改革开放和社会主义现代化建设伟大实践中汲取智慧和力量，不断增强知识更新的紧迫感，如饥似渴地学习知识、掌握学问，增强素质，提升能力，努力成为勤于学习、勇于担当、甘于奉献的栋梁之材。

(三) 修德：锤炼高尚品格

修业必先修德。《礼记·大学》说过："君子先慎乎德"，"德者本也"。战国时期思想家墨子说过："德为才之帅，才为德之资。"近代教育家蔡元培先生也说过："若无德，则虽体魄智力发达，适足助其为恶。""德"是每个人成长成才的前提和基础，一个人的"才"只有与"德"相匹配，以"德"为引领，才能真正成为国家和人民需要的栋梁之才。正像习近平总书记说的那样："道德之于个人、之于社会，都具有基础性意义，做人做事第一位的是崇德修身"，"一个人只有明大德、守公德、严私德，其才方能用得其所”。

国无德不兴，人无德不立。中华民族历来以“礼仪之邦”著称于世，讲文明、懂礼貌是中国民族的传统美德。我们今天所建设的中国特色社会主义也是物质文明和精神文明全面发展的社会主义。青年是引风气之先的社会力量，一个民族的文明素养很大程度上体现在青年一代的道德水准和精神风貌上。为此，广大青年一定要大力加强道德修养，注重道德实践，自觉弘扬爱国主义、集体主义、社会主义思想，积极倡导社会公德、职业道德、家庭美德和个人品德，带头倡导良好社会风气，以自己的实际行动促进社会道德进步。

（四）自强：矢志艰苦奋斗

“宝剑锋从磨砺出，梅花香自苦寒来。”任何美好的理想，都不可能唾手可得，需要自强不息，艰苦奋斗。我们的国家和民族从积贫积弱一步一步走到今天的繁荣强盛，靠的就是一代又一代人的顽强拼搏，靠的就是中华民族自强不息、艰苦奋斗的精神。古人讲的“艰难困苦，玉汝于成”“忧劳兴国，逸豫亡身”“生于忧患，死于安乐”等至理名言，深刻反映了我们这个民族所具有的自强不息、艰苦奋斗的精神品格。

在新的历史条件下，继续弘扬中华民族自强不息、艰苦奋斗的精神，这既是贯彻落实“四个全面”战略布局的内在要求，也是当代青年成长成才的必由之路。当前，我们国家既面临着重要发展机遇，也面临着前所未有的困难和挑战。实现“两个一百年”奋斗目标，实现中华民族伟大复兴的中国梦,需要广大青年锲而不舍、继续奋斗。

自强不息、艰苦奋斗不是一句简单的口号,必须落实到每个人的行动上。习近平总书记指出:“广大青年要牢记‘空谈误国、实干兴邦’,立足本职、埋头苦干,从自身做起,从点滴做起,用勤劳的双手、一流的业绩成就属于自己的人生精彩”,“要勇于创业、敢闯敢干,努力在改革开放中闯新路、创新业,不断开辟事业发展新天地”。这是党中央对当代青年提出的殷切希望。

(五) 创新:勇于开拓进取

习近平总书记反复强调,创新是民族进步的灵魂,是一个国家兴旺发达的不竭源泉,也是中华民族最深沉的民族禀赋。青年人是社会上最富活力、最具创造性的群体,理所当然应该走在创新创造的前列,做锐意进取、开拓创新的时代先锋。

古人说:“苟日新,日日新,又日新。”生活从不眷顾因循守旧、满足现状者,也从不等待不思进取、坐享其成者,而是将更多机遇留给那些勇于创新的人们。创新是当今时代发展的主旋律。面对日益复杂的国际局势和国内全面建设小康社会、全面深化改革、全面依法治国和全面从严治党的艰巨任务,今天的中国比以往任何时候都更需要创新驱动。无论是稳中求进推动转型发展,还是激发活力构筑文化强国,无论是完善制度机制提升治理能力,还是加强环境治理建设美丽中国,无不需要发扬开拓进取、勇于创新的精神。习近平总书记说得好，必须把“把科技创新摆在国家发展全局的核心位置”，“科技发展的方向就是创新、创新、再创新”。

时代呼唤创新，青年渴望创新。为了把各项事业推向前进，广大青年一定要不断研究新情况，解决新问题，形成新思路，开辟新境界，要以逢山开路、遇河架桥之毅力，发扬开拓进取、敢为人先的精神，不断开拓中国特色社会主义事业新局面。

（六）笃实：求真务实

《礼记·中庸》在谈到治学时总结说：“博学之，审问之，慎思之，明辨之，笃行之。”在该书总结的“为学”五阶段中，“笃行”是目标、是归宿、是结果。这就要求我们必须把学到的知识运用于实践，自觉做到知行统一、知行合一。

“空谈误国，实干兴邦”，这是人们从历史经验教训中总结出来的一条至理名言。古人曰：“道虽迩，不行不至；事虽小，不为不成。”实事求是是马克思主义理论的精髓。毛泽东当年大力倡导“实事求是，力戒空谈”，邓小平也多次指出“世界上的事情都是干出来的。不干，半点马克思主义也没有”，习近平总书记也强调，“道不可坐论，德不能空谈”，“人世间的一切幸福都是要靠辛勤的劳动来创造的”。反对空谈、强调实干、实事求是、求真务实，是我们党的一个优良传统。

“纸上得来终觉浅，绝知此事要躬行。”实现“两个一百年”奋斗目标、实现中华民族伟大复兴的中国梦，需要每个青年脚踏实地干好事业，兢兢业业做好工作。“天下难事，必作于易；天下大事，必作于细。”青年一代一定要把艰苦环境作为磨炼自己的机遇，把小事当作大事干，一步一个脚印往前走，经过坚韧不拔、百折不挠的努力，在时代大潮中建功立业，为实现中国梦奉献智慧和力量。

总之，在奔向“两个一百年”奋斗目标、实现中华民族伟大复兴中国梦的征程上，广大青年建功立业的舞台空前广阔、梦想成真的前景空前光明。我们相信，当代中国青年一定能够担当起党和人民赋予的历史重任，在激扬青春、开拓人生、奉献社会的进程中书写无愧于时代的壮丽篇章，在实现中国梦的伟大实践中创造自己的精彩人生。

教育部哲学社会科学研究普及读物书目
（有＊者为已出）

2012年度

《马克思主义大众化解析》　陈占安

＊《马克思告诉了我们什么》　陈锡喜

《为什么我们还需要马克思主义——回答关于马克思主义的10个疑问》　陈学明

《党的建设科学化》　丁俊萍

＊《〈实践论〉浅释》　陶德麟

＊《大学生理论热点面对面》　韩振峰

＊《大学生诚信读本》　黄蓉生

《改变世界的哲学——历史唯物主义新释》　王南湜

《哲学与人生——哲学就在你身边》　杨耕

＊《人的精神家园》　孙正聿

＊《社会主义现代化读本》　洪银兴

《中国特色社会主义简明读本》　秦宣

《中国工业化历程简明读本》　温铁军

《中国经济还能再来30年快速增长吗》　黄泰岩

《如何读懂中国经济指标》　殷德生

＊《经济低碳化》　厉以宁　傅帅雄　尹俊

《图解中国市场》　马龙龙

＊《文化产业精要读本》　蔡尚伟　车南林

＊《税收那些事儿》　谷成

＊《汇率原理与人民币汇率读本》　姜波克

＊《辉煌的中华法制文明》　张晋藩　陈煜

＊《读懂刑事诉讼法》　陈光中

＊《数说经济与社会》　袁卫　刘超

＊《品味社会学》　郑杭生 等

＊《法律经济学趣谈》　史晋川

《知识产权通识读本》　吴汉东

《文化中国》 杨海文
*《中国优秀礼仪文化》 李荣建
*《中国管理智慧》 苏勇 刘会齐
*《社交网络时代的舆情管理》 喻国明 李彪
*《中国外交十难题》 王逸舟
*《中华优秀传统文化的核心理念》 张岂之
*《敦煌文化》 项楚 戴莹莹
*《秘境探古——西藏文物考古新发现之旅》 霍巍
《民族精神——文化的基因和民族的灵魂》 欧阳康
*《共和国文学的经典记忆》 张文东
*《中国传统政治文化讲录》 徐大同
*《诗意人生》 莫砺锋
《当代中国文化诊断》 俞吾金
*《汉字史画》 谢思全
*《“四大奇书”话题》 陈洪
*《生活中的生态文明》 张劲松
《什么是科学》 吴国盛
*《中国强——我们必须做的100件小事》 王会
*《我们的家园:环境美学谈》 陈望衡
《谈谈审美活动》 童庆炳
《快乐阅读》 沈德立
*《让学习伴随终身》 郝克明
《与青少年谈幸福成长》 韩震
*《教育与人生》 顾明远
*《师魂——教师大计师德为本》 林崇德
《现代终身教育理论与中国教育发展》 潘懋元
*《 我们离教育强国有多远》 袁振国
《通俗教育经济学》 范先佐
《任重道远:中国高等教育发展之路》 李元元

2013年度

《中国国情读本》 胡鞍钢
*《法律解释学读本》 王利明 王叶刚
*《中国特色社会主义经济学读本》 顾海良
*《走向社会主义市场经济》 逄锦聚 何自力

*《中国特色政治发展道路》 梅荣政 孙金华
*《发展经济学通俗读本》 谭崇台 王爱君
*《"中国腾飞"探源》 洪远朋 等
*《社会主义核心价值观的"内省"与"外化"》 黄进
《什么是马克思主义，怎样对待马克思主义——马克思主义观纵横谈》 高奇
《中国特色社会主义"五位一体"总布局研究》 郭建宁
*《国际社会保障全景图》 丛树海 郑春荣
《社会保障理论与政策解析》 郑功成
《从封建到现代——五百年西方政治形态变迁》 钱乘旦
《GDP的科学性和实际价值在哪里》 赵彦云
《社会学通识教育读本》 李强
《传情和达意——语言怎样表达意义》 沈阳
《生活质量研究读本》 周长城
*《做幸福进取者》 黄希庭 尹天子
*《外国文学经典中的人生智慧》 刘建军
《什么样的教育能让人民满意》 石中英
《正说科举》 刘海峰

2014年度
《"中国梦"的民族特点和世界意义》 孙利天
《"中国梦"与软实力》 骆郁廷
《走进世纪伟人毛泽东的哲学王国》 周向军
《社会主义核心价值观与我们的生活》 吴向东
*《中国反腐败新观察》 赵秉志 彭新林
《中国居民消费——阐释、现实、展望》 王裕国
*《从公司治理到国家治理》 李维安 徐建 等
《"阿拉伯革命"的热点追踪》 朱威烈
*《中国制造全球布局》 刘元春 李楠 张咪
*《小康之后》 黄卫平 丁凯 等
《中国人口老龄化与老龄问题》 杜鹏
*《中国区域经济新版图》 周立群 等
《钓鱼岛归属真相——谎言揭秘(以证据链的图为主)》 刘江永
*《诚信中国》 阎孟伟
*《美国霸权版"中国威胁"谰言的前世与今生》 陈安
《如何认识藏族及其文化》 石硕
*《中国故事的文化软实力》 王一川 等

《文化遗产的古与今》 高策
*《课堂革命》 钟启泉
《大学的常识》 邬大光
《识字与写字》 王宁
*《舌尖上的安心》 乔洁 等

2015 年度

*《我们为什么需要历史唯物主义》 郝立新 陈世珍
*《全面建成小康社会中的农民问题》 吴敏先 等
*《中国法治政府建设:原理与实践》 朱新力 等
《走向全面小康的民生幸福路》 韩喜平
《我们时代的精神生活》 庞立生
《习近平话语体系风格读本》 凌继尧
《为什么南海诸岛礁确实是我们的国土?》 傅崐成
《生活在“网络社会”》 陈昌凤
*《中国古代农业文明》 贺耀敏
《你不能不知道的刑法知识》 王世洲
*《中美关系:故事与启示》 倪世雄
《如何提高创新创业能力》 赖德胜
《身边的数据会说话》 丁迈
*《中国与联合国》 张贵洪
*《中国特色的佛教文化》 洪修平
*《敦煌与丝绸之路文明》 郑炳林
《艺术与数学》 蔡天新
《走近档案》 冯惠玲
*《中华传统文明礼仪读本》 王小锡 姜晶花
《重建中国当代伦理文明与家教门风》 于丹
*《文化兴国的欧洲经验》 朱孝远
《中国人民伟大的抗日战争》 陈红民
*《心理学纵横谈》 彭聃龄 丁国盛
*《教育振兴从校园体育开始》 王健
*《核心素养及其培育》 靳玉乐 张铭凯 郑鑫